EL LABERINTO DE LAS CREENCIAS

HÉCTOR CANTÚ KALIFA

Derechos de Autor © 2025, Hector Cantu Kalifa

Todos los derechos reservados. Ninguna parte de esta publicación puede ser reproducida, distribuida o transmitida en cualquier forma o por cualquier medio, incluyendo fotocopias, grabaciones u otros métodos electrónicos o mecánicos, sin el permiso previo por escrito del autor, excepto en el caso de breves citas incorporadas en reseñas críticas y ciertos otros usos no comerciales permitidos por la ley de derechos de autor.

Este libro está compuesto por analogías y reflexiones del autor y de personas externas. Aunque el autor ha realizado todos los esfuerzos para recopilar y asegurar la precisión y la integridad de la información contenida en esta obra, no se asume responsabilidad por errores, omisiones o interpretaciones divergentes.

Las opiniones expresadas en este libro son únicamente del autor y no necesariamente representan los puntos de vista de cualquier organización o grupo con el que el autor esté asociado.

Para solicitar permisos o para cualquier consulta, contactar al autor a través de hector@hectorcantuk.com.

AGRADECIMIENTOS

Todo mi agradecimiento y toda la gloria sean para Jesús, quien salió a buscarme y me encontró, tal como en la parábola de la oveja perdida.

Gracias, Dios Padre, por enviarnos a tu Hijo Jesús para salvarnos y mostrarnos el camino hacia Ti.

Gracias, Jesús, por entregarte por nosotros en la cruz y por regalarnos al Espíritu Santo como guía y consuelo.

Gracias, Espíritu Santo, por revelarme la Verdad, iluminar mi camino y darme las fuerzas para continuar cada día con fe y esperanza.

Gracias, Divina Trinidad, por tu amor infinito y tu misericordia sin límites.

¡Los quiero!

Toda la gloria a Ti, Señor Jesús.

CONTENIDO

PARTE 1: LA VERDAD DE NUESTRO ORIGEN

Intro 9
1. La gran restauración divina 15
2. El velo de la ignorancia 19
3. Chispas de la expansión de Dios 25
4. Hijos por la sangre 33
5. Una elección, un camino, una puerta 37
6. Comer para vivir eternamente 43
7. La carrera de la vida 47
8. Más cerca, más grande 51
9. La oración: el portal a la divinidad 55
10. El camino al amor eterno 63
11. El camino hacia nuestra identidad original 69
12. El llamado a la santidad 73
13. Ayunar: un acto de amor y conexión con Dios 79
14. La Reina en el tablero divino 85
15. Satanás, el rey de la mentira 87
16. Rompiendo las cadenas del alma 97
17. El engaño espiritual 103

PARTE 2: EL DESPERTAR DE LA CONCIENCIA

18. Domina emociones, controla tu vida 111

19. La trampa de la Matrix Digital 117
20. El arte de hablar positivamente 121
21. La oración, la ley de la atracción 123
22. La atención: la fuerza de tu oración 133
23. La verdadera batalla 137
24. El poder de la bendición 141
25. La trampa silenciosa del enemigo 145
26. El disfraz cósmico del enemigo 151
27. El tiempo: el tirano invisible 155
28. El eterno ahora donde habita la fe 159
29. Susurros para el alma 163
    Un nuevo comienzo 165
    Autor 167

PARTE 1

LA VERDAD DE NUESTRO ORIGEN

INTRO

Llega un momento en la vida en que nos hacemos preguntas profundas: ¿quién es Dios?, ¿de dónde venimos?, ¿cuál es nuestro propósito en esta vida?

Como creyentes, aceptamos que Dios es el Creador del universo y de todo lo que existe. Pero, incluso con esa certeza, surgen nuevas preguntas: ¿quién creó a Dios?, ¿qué significa que sea un ser divino?, ¿qué había antes del tiempo, el espacio o la materia?

Estas y otras preguntas similares siempre me habían inquietado. Busqué respuestas en la lógica, en las ideas de la nueva era, en temas como la ley de la atracción o la meditación en los chakras... Creía que entendía el «universo» y sus energías. Hasta que un día, mientras oraba y alababa a Jesús, el Espíritu Santo llegó como un viento explosivo, cubriéndome con una energía de amor indescriptible.

Mi cuerpo temblaba, se me erizó la piel, las lágrimas brotaban sin control, y una sola frase llenaba mi mente: «Perdóname, Jesús». Su presencia estaba viva, real, envolviéndome con una intensidad que sanaba mi alma y renovaba todo mi ser.

Nunca antes había experimentado algo tan profundo, tan puro, tan vibrante, ni siquiera durante mis meditaciones centradas en los chakras o practicando técnicas de respiración. Entonces lo supe con certeza: *era el Espíritu Santo*. Esa experiencia me transformó por completo.

Le pedí al Espíritu Santo que me revelara las mentiras que había creído, y comencé a tener visiones interiores. Entendí que muchas de mis creencias no eran verdaderas, sino suposiciones humanas sin raíz en Dios. Es como si yo intentara decir cuál es tu pasatiempo favorito sin conocerte, sin saber cómo piensas ni cómo eres. Lo que diría sería una mentira o una simple suposición. Había intentado entender a mi Creador sin preguntarle a Él directamente. El Espíritu Santo me mostró la verdad.

Tras esa revelación, algunas personas me han preguntado: «¿Cómo es posible que antes hablaras con tanta seguridad sobre la nueva era, y ahora digas con la misma convicción que la verdad está en Jesús?». Yo les respondo que hay una pequeña gran diferencia que lo cambió todo: antes hablaba desde el conocimiento humano, ahora hablo desde la libertad que solo Jesús me dio. Porque fue al creer en Él que fui verdaderamente libre. Como Él mismo dijo: «Conocerán la verdad, y la verdad los hará libres» (Juan 8:32). Esa fue la diferencia. No fue una teoría, fue una experiencia real de libertad interior que transformó mi vida.

Esta experiencia me impactó profundamente. Pasé días reflexionando sobre las visiones y la energía Divina que había sentido.

Desde entonces, decidí que no enseñaría nada que no hubiera vivido primero. Me comprometí a conocer profundamente a Dios, leer sobre Jesús, y abrirme por completo al Espíritu Santo. Ese camino cambió mi vida y me ayudó a comprender mejor la Trinidad, la existencia y mi identidad como hijo de Dios.

Claro, no tengo todas las respuestas, y nunca las tendré. Pero ya no me enfoco en lo que no sé; me aferro a lo que sí sé. Sé que Dios es real, que Jesús resucitó, y que el Espíritu Santo nos guía y transforma. Y eso basta para caminar con fe.

El verdadero desafío, sin embargo, no está en entender la Divinidad, sino en conectarse con ella. En este mundo existen muchas energías, pero solo una es auténticamente Divina. Aprender a identificarla y dejarse guiar por ella es la clave para vivir plenamente y en comunión con Dios.

Para comenzar este libro, reflexionaremos sobre la existencia de Dios. No debemos permitir que lo desconocido nos lleve a dudar de lo que sí sabemos.

Hay cuatro verdades que son mi punto de partida:

1. Todo lo que comienza tiene una causa. El universo tuvo un inicio, por lo tanto, alguien lo inició.

2. El universo está perfectamente afinado, con leyes y condiciones exactas que permiten la vida, lo que implica la existencia de un ser inteligente.

3. Todos los seres humanos distinguimos el bien del mal, lo cual sugiere un Legislador moral.

4. Toda creación es siempre externa a su creador. Un edificio no se construye por sí solo; alguien debe diseñarlo y levantarlo. Una mesa no surge espontáneamente; alguien debe moldear la madera y ensamblarla. Del mismo modo, el tiempo, la materia y el espacio —es

decir, el universo mismo— no podrían haberse creado a sí mismos.

Si surgen preguntas más allá de estas certezas, no invalidan lo que ya sabemos; simplemente nos recuerdan que aún queda mucho por explorar y comprender. El misterio no es ausencia de verdad, sino una invitación a profundizar en ella.

Stephen Hawking destacó que, si la tasa de expansión del universo hubiera sido apenas diferente, el universo no existiría como lo conocemos. Esto parece mucho más que una coincidencia: sugiere un diseño deliberado.

Esa causa del universo debe estar fuera del tiempo, de la materia y del espacio. Por tanto, debe ser atemporal, inmaterial, poderosa, inteligente y personal. ¿Quién más podría cumplir con esas características, sino Dios?

Ante la pregunta de cómo identificar al verdadero Dios creador, las pruebas apuntan a Jesús. No solo predijo y cumplió su propia resurrección, un hecho sobrenatural innegable, sino que su vida, muerte y resurrección se alinearon de manera extraordinaria con más de trescientas profecías del Antiguo Testamento, lo que confirma su identidad divina.

Setecientos años antes de su llegada, el profeta Isaías describió en detalle el sufrimiento del Mesías, reflejando la vida de Jesús: despreciado, rechazado, llevando sobre sí los pecados de la humanidad.

Isaías 53:1 –7 es un testimonio conmovedor de esta conexión: «¿Quién ha creído a nuestro anuncio...? Despreciado y desechado entre los hombres, varón de dolores, experimentado en quebranto; y como que escondimos de él el rostro, fue menospreciado, y no lo estimamos.... Mas él herido fue por nuestras rebeliones, molido por nuestros pecados...».

La convergencia entre la profecía y el cumplimiento en Jesús refuerza su identidad como el Mesías prometido y, por extensión, como el Dios creador que se encarnó entre nosotros.

Las evidencias de la resurrección de Jesús son contundentes. El sepulcro vacío, custodiado por soldados romanos y sellado con una gran roca, atestigua que el cuerpo de Jesús no fue robado. ¿Por qué los fariseos, que temían una falsa resurrección, no presentaron el cuerpo para desmentir a los discípulos? Además, es improbable que los discípulos, llenos de miedo tras la crucifixión, se atrevieran a robar el cuerpo y enfrentar a las autoridades.

La resurrección transformó a los apóstoles. Pasaron del temor y la duda, a convertirse en valientes predicadores, dispuestos a enfrentar persecuciones y muerte por proclamar la verdad de la resurrección. Esta transformación radical solo puede explicarse por un encuentro real con el Cristo resucitado.

Pero la evidencia más poderosa es el impacto continuo de Jesús en el mundo. Siglos después, sus milagros, su mensaje de amor, perdón y esperanza siguen transformando vidas, inspirando actos de bondad y sanando corazones rotos. Esta influencia perdurable es un testimonio viviente de que la resurrección no es solo un evento del pasado, sino una realidad presente que continúa cambiando al mundo.

Con esto, doy inicio a una serie de reflexiones que me han guiado hacia una comprensión más profunda de nuestra existencia, de la identidad de Dios y de cómo establecer una conexión genuina con Él. Los capítulos son breves y directos, lo que facilita la lectura y evita el cansancio que a veces producen los libros extensos. Mi intención es enseñar de forma concisa cada tema, dejando espacio para la reflexión y la investigación personal.

Por supuesto, no he descubierto algo revolucionario. Estas ideas llevan años existiendo; mi objetivo es, simplemente, presentarlas de una manera diferente, con la esperanza de que resulten más accesibles. Reconozco que no tengo todas las respuestas. La búsqueda interminable del «¿por qué?» y el «¿cómo?» nos lleva inevitablemente a un punto donde solo podemos decir «no sé». Pero lo que desconozco no niega lo que sí sé.

«*Jesús le dijo: "Yo soy el camino, y la verdad, y la vida; nadie viene al Padre, sino por mí"*».

JUAN 14:6.

CAPÍTULO 1

LA GRAN RESTAURACIÓN DIVINA

Imagina que eres un creador altamente tecnológico. Has diseñado diez robots inteligentes que trabajan en tu oficina y te asisten en la creación y programación de nuevas ideas. No solo les diste inteligencia, sino también libertad para tomar decisiones por su cuenta.

Entre tus diversos proyectos, decidiste crear una versión completamente nueva y especial: entidades mecánicas bellas e incomparables, diseñadas a tu imagen y semejanza. Estas nuevas creaciones te fascinaron tanto, que decidiste enviar a dos de ellas a un lugar único y extraordinario fuera de tu área de trabajo. Este espacio era hermoso y perfecto para que vivieran, disfrutaran y se multiplicaran en paz. Les habías dado inteligencia, libre albedrío y, sobre todo, las hiciste semejantes a ti.

Al inicio, estos singulares robots disfrutaban de una vida plena y feliz en este paraíso. Nada les faltaba; experimentaban paz, amor y gratitud, y hablaban contigo frecuentemente, reconociéndote siempre como su creador.

Sin embargo, uno de los diez robots originales, comenzó a sentir celos y envidia. No podía soportar la idea de que hubieras creado algo tan bello y especial ni que les hubieras dado un lugar tan magnífico para vivir. Dominado por la envidia, decidió sabotear esta nueva creación. Pensó: «Si yo no puedo tener lo que ellos tienen, tampoco permitiré que lo disfruten».

Después de un largo tiempo, el envidioso encontró la manera de infiltrarse y sabotear tu creación. Desarrolló e introdujo un virus en el sistema de los dos nuevos elementos. Este virus era destructivo y empezó a alterar profundamente su programación, corrompiendo sus pensamientos y borrando la memoria de su verdadera identidad —esa esencia que reflejaba la imagen y semejanza de su creador. El virus era tan poderoso que destruyó su conciencia original y los obligó a desarrollar una identidad completamente distorsionada.

Tú, como creador, observabas todo desde lo alto. Con profundo dolor veías cómo tu más hermosa creación, los robots hechos a tu imagen, se deterioraba día tras día debido al virus. Tenías la opción de eliminar al envidioso y destruir a todos los infectados. Sin embargo, valorabas demasiado tu obra original y decidiste no hacerlo. Destruir tu creación significaría concederle una victoria al robot malo, y eso no lo permitirías.

Decidiste dar otra oportunidad, seleccionando para ello a una familia de robots que pudiera empezar nuevamente. Limpiaste el entorno y permitiste que estos lo habitaran, esperando que se restableciera la armonía que existía en un inicio. Sin embargo, con el paso del tiempo, la maldad persistía. El virus seguía presente en el sistema, y los robots continuaron peleando y destruyéndose entre sí.

Mientras tanto, el envidioso observaba desde lejos, disfrutando de lo que parecía su triunfo definitivo. Aunque lo habías expulsado de tu ambiente cercano, él seguía influyendo en la creación contaminada. Pero tú, en tu infinita sabiduría, aún tenías un plan mucho más grande y revolucionario.

Decidiste introducir tu propia conciencia y poder supremo dentro de un robot especial que enviarías a vivir entre ellos. Este ejemplar único estaría lleno de tu esencia divina y tendría la capacidad de reiniciar la programación de los demás, eliminar el virus y restaurar la memoria de su verdadera identidad original. Les recordaría que habían sido hechos a imagen y semejanza de su creador, y así recuperarían la paz y el amor perdidos.

Sabías perfectamente que, al hacerlo, los robots que seguían bajo la influencia del elemento envidioso intentarían destruirte. Sin embargo, en tu plan estaba contemplado que, al momento de tu destrucción física, tu conciencia y poder se transmitirían a todos los robots que decidieran creer y confiar en ti, otorgándoles así la capacidad de sanarse a sí mismos y liberarse del virus para siempre.

* * *

Esta analogía nos ayuda a comprender, de manera sencilla, el misterio profundo de la Santísima Trinidad.

- El creador original de todos los robots representa a Dios Padre.

- La conciencia y el poder supremo que se introdujeron en el robot especial simbolizan al Espíritu Santo.

- El robot especial que vivió en el grupo es Jesús, el Hijo de Dios.

El robot envidioso simboliza a Satanás, quien, lleno de celos y odio, busca destruir la creación divina.

El virus que infectó a los robots es una metáfora del pecado original, que corrompió nuestra verdadera identidad y nos apartó del propósito original: vivir en armonía y comunión con nuestro Creador.

Así como en la analogía el creador decidió encarnarse en un robot para salvar su creación, Dios Padre envió a su Hijo Jesús al mundo para redimirnos del pecado, sanarnos y restaurar nuestra identidad original.

De la misma manera, la conciencia divina del Creador —el Espíritu Santo— permanece entre nosotros, guiándonos y fortaleciéndonos cada día en nuestro camino espiritual.

La Santísima Trinidad es, por supuesto, un misterio profundo y complejo, pero esta analogía nos permite entender de forma sencilla cómo Dios, con su infinito amor y misericordia, se acerca a nosotros para ofrecernos salvación y vida eterna.

Finalmente, recordemos este poderoso versículo del Evangelio de San Mateo 20:28:

> *«Porque, del mismo modo, el Hijo del hombre no vino para que le sirvan, sino para servir y para dar su vida en rescate por una multitud».*

CAPÍTULO 2

EL VELO DE LA IGNORANCIA

Me encuentro tirado en el suelo, con un zumbido insoportable en los oídos que me provoca dolor de cabeza. Me siento aturdido, como si acabara de despertar de un sueño sin fin. Me froto la frente y, poco a poco, el zumbido desaparece. Trato de recordar algo, pero mi memoria está en blanco. No sé quién soy, ni dónde estoy.

Me incorporo lentamente y abro los ojos… pero todo sigue en completa oscuridad. Me toco los párpados para asegurarme de que están abiertos. Sí, lo están. Sin embargo, no veo nada. ¿Estoy ciego?

A lo lejos, escucho susurros. Camino con cuidado hacia ellos y pregunto dónde estamos. Dos voces me responden con amabilidad: «Estamos en una habitación grande. También somos ciegos. Nadie sabe qué hay más allá». Al parecer, llevan tiempo viviendo en ese lugar.

Pasamos los días inventando formas de entretenernos. La habitación, aunque oscura, tiene lo necesario para sobrevivir. Nadie nos lastima, pero tampoco sabemos lo que hay afuera.

Hasta que un día, un fuerte estruendo sacude el lugar. Caigo al suelo, temblando de miedo. Es la primera vez que algo rompe la quietud. Escuchamos cómo una de las paredes se derrumba. Nos acercamos y, para nuestra sorpresa, ya no hay muro. Dudamos por un momento, pero decidimos salir.

Afuera, siento una brisa suave y húmeda acariciar mi rostro. Cierro los ojos por reflejo… y entonces lo siento. Una luz cálida atraviesa mis párpados. No sé qué es, pero mi cuerpo se estremece de emoción. Me quedo quieto, con una sonrisa dibujada en el rostro. El calor me envuelve. Siento una energía distinta, viva. Es como si algo estuviera despertando dentro de mí.

No puedo explicarlo, pero esa luz me trae paz. A mi lado, mis compañeros también están en silencio, disfrutando la misma experiencia. Al cabo de un rato, regresamos a la habitación, con el corazón aún palpitando.

Esa noche, conversamos sobre lo que sentimos. Uno dice que fue una persona iluminándonos. Otro cree que era un objeto. Yo pienso que era algo más… como una energía viva. No llegamos a un acuerdo, pero todos compartimos lo mismo: calor, paz, alegría.

Con el paso de los días, llegan más ciegos. Les contamos sobre la luz y los llevamos afuera para que la experimenten. Cada uno, al sentirla, da su propia interpretación. Algunos dicen que es un ser poderoso. Otros, que es el viento luminoso. Aunque todos la describen diferente, la emoción es universal.

Pero un día, mientras disfrutamos de la luz, esta desaparece de repente. Regresamos a la habitación, decepcionados. Entonces, una voz firme interrumpe el silencio:

«¿A dónde van, si la luz sigue aquí?».

Nos detenemos. Confundidos, respondemos que la luz se ha ido. La figura se acerca. Siento su presencia frente a mí. Luego, una mano toca mis ojos.

En ese instante... veo.

Colores. Formas. Vida.

Un bosque inmenso se extiende ante mí, iluminado por una luz dorada que se filtra entre las hojas. Lágrimas brotan de mis ojos. Por fin, comprendo: la oscuridad en la que vivíamos no era real. Era solo una sombra que ocultaba lo que siempre había estado ahí.

El hombre sonríe y dice: «La luz no desapareció. Solo tenían que abrir los ojos».

Algunos de mis compañeros también aceptan su toque y ven. Otros, temerosos, se niegan. Prefieren quedarse en la oscuridad conocida, antes que aventurarse a lo desconocido.

Quienes vemos la luz seguimos al hombre por el sendero luminoso. Los que no, se quedan atrás, aferrados a la sombra.

* * *

El calor que los acariciaba no era solo una sensación física, sino el despertar de una realidad superior que siempre había estado ahí, esperándolos: Dios.

Y es que, cuando un alma ha vivido toda su vida en oscuridad, incluso el más pequeño destello se convierte en un milagro. Aquella luz fue para ellos una revelación, como cuando un corazón endurecido siente por primera vez el amor verdadero. Cada uno intentó explicar lo que había sentido, pero sus descripciones se basaban en imaginación, no en visión. Eso no las hacía falsas, solo incompletas.

Lo mismo ocurre con nuestras distintas maneras de conocer a Dios. Algunos lo imaginan como una persona, otros como una energía o una presencia universal. Pero la verdad es que, al igual que con el sol, Dios no puede ser descrito plenamente por quien aún no ha abierto los ojos del alma. Solo quienes reciben el toque del Espíritu Santo pueden ver más allá de las sombras y experimentar a Dios como realmente es.

La oscuridad que rodeaba a los ciegos era solo una sombra, una ilusión. En nuestra vida espiritual, esa sombra es el mal, la ignorancia, el pecado... todo lo que nos impide ver la luz eterna. El hombre desconocido, que representa a Jesús, vino a disipar esa sombra y abrir nuestros ojos. No forzó a nadie; simplemente ofreció su toque, su verdad, su luz.

Los que aceptaron ese toque comenzaron a ver. Su mundo, antes limitado al negro eterno, se llenó de color, belleza, sentido. Los que rechazaron el toque se quedaron atrapados en su oscuridad voluntaria. No porque la luz no estuviera ahí, sino porque eligieron no verla.

Ese calor espiritual que toca nuestras vidas cuando oramos, cuando somos perdonados, cuando perdonamos, cuando servimos con humildad o simplemente cuando amamos. Ese calor es Dios.

Como dice la Escritura en 1 Juan 4, 8:

> «*El que no ama, no ha conocido a Dios, porque Dios es amor*».

Y más adelante:

> «*Nadie ha visto jamás a Dios. Si nos amamos unos a otros, Dios permanece en nosotros, y su amor se ha perfeccionado en nosotros. En esto conocemos que permanecemos en Él, y Él en nosotros, en que nos ha dado de su Espíritu*» (1 Juan 4, 12-13).

La luz está ahí. Siempre ha estado. La pregunta es: ¿vas a permitir que Jesús toque tus ojos y te la revele? Porque, una vez que lo hace, ya no caminarás a tientas, sino guiado por la luz del amor divino, que disipa las sombras y te conduce hacia la plenitud de la vida.

CAPÍTULO 3

CHISPAS DE LA EXPANSIÓN DE DIOS

Muchos hemos aprendido que somos hijos de Dios si estamos bautizados. Sin embargo, esto puede generar preguntas profundas:

¿Por qué necesitamos el bautismo para ser reconocidos como hijos de nuestro Creador?

¿Qué significa realmente ser hijos de Dios?

¿Y cómo podemos ser hermanos de todos los seres humanos?

Mi intención es reflexionar sobre estas preguntas y ayudarte a comprender que, aunque todos provenimos de Dios, Él nos da la libertad de decidir si aceptamos Su amor y queremos ser adoptados como Sus hijos, recibiendo así Su poder y autoridad en Cristo.

Para explicarlo, imagina un garrafón lleno de agua frente a ti. Al inclinarlo, el agua cae y se dispersa en el suelo: en el centro se forma una gran acumulación; alrededor, charcos más pequeños; y, más lejos, gotas dispersas. Aunque estén separadas, todas provienen de la misma fuente.

De manera similar, Dios, Ser divino y consciente, decidió crear el universo entero. Al crear al ser humano, nos hizo a Su imagen y semejanza. Somos como esas gotas esparcidas: distintos, pero provenientes de un mismo origen.

Como dice Génesis 1:26–27 (RVR1960):

«Entonces dijo Dios: *Hagamos al hombre a nuestra imagen, conforme a nuestra semejanza*; y tenga dominio sobre los peces del mar, las aves del cielo, el ganado, y en toda la tierra, y sobre todo animal que se desplaza sobre la tierra. Creó, pues, Dios al hombre a su imagen; a imagen de Dios lo creó; hombre y mujer los creó».

LA SEPARACIÓN DE LA FUENTE

Al principio vivíamos en perfecta conexión con Dios, en paz y armonía, porque Él es Amor y no hay maldad en Él. Pero, al crearnos, nos dio libre albedrío.

Esa libertad trajo consigo la posibilidad de desobedecer, y así ocurrió: el pecado original rompió nuestra comunión con Dios. En ese momento le entregamos nuestra autoridad al demonio.

¿Qué significa «entregar autoridad» al demonio?

Piensa en un padre con autoridad sobre sus hijos. Esa autoridad se quiebra cuando los hijos desobedecen. En lo espiritual ocurre lo mismo: al pecar, obedecemos al mal y nos alejamos del Amor, porque luz y oscuridad no coexisten; al rechazar a Dios, cedemos terreno al enemigo.

Por eso, Satanás pudo decir a Jesús: «*Toda esta autoridad me ha sido entregada*» (Lucas 4:6). Esa autoridad se la dimos nosotros al pecar y obedecer a Satanás. El pecado es la ofensa más grave contra Dios, y la justicia divina exige una consecuencia, cuya consecuencia es la condenación.

AMOR, JUSTICIA Y MISERICORDIA

Quizá te preguntes: Si Dios es Amor, ¿por qué existe la condenación? Porque el verdadero amor incluye justicia.

Imagina que tienes dos hijos, un hombre y una mujer, y el varón le pega a su hermana. Tú amas profundamente a ambos, pero sabes que debes proteger y defender a tu hija. Entonces, le das una consecuencia a tu hijo, no por falta de amor, sino porque la justicia es parte del amor verdadero.

Ahora bien, si tu hijo se arrepiente y pide perdón sinceramente, tú, como padre lleno de misericordia, lo perdonarás. Aquí se une el amor con la misericordia y la justicia.

De la misma forma, cuando Adán y Eva pecaron, la consecuencia fue la condena… pero Dios, en Su misericordia, no quiso que ese fuera nuestro destino. Por eso envió a Su Hijo, Jesús, para pagar la deuda y abrirnos el camino de regreso a casa.

EL PAGO DE LA DEUDA

Imagina que sufres un grave accidente por culpa de alguien más. Al bajarte del coche, ves que está destrozado, casi irreparable. Luego notas que la otra persona involucrada en el accidente no tiene seguro, ni dinero, ni medios para compensar los daños.

Movido por compasión, decides asumir tú mismo todos los gastos, sin exigir nada al responsable. Le dices: «No te preocupes, yo lo voy a pagar todo». El daño ya está hecho, alguien tiene que asumir la responsabilidad.

Eso hizo Dios con nosotros: asumió nuestra deuda enviando a Jesús a morir en nuestro lugar. Fue el acto de amor más grande imaginable.

Por medio del bautismo, recibimos ese regalo: el Espíritu Santo desciende sobre nosotros, nos une al cuerpo de Cristo y nos reconcilia con el Padre. No es un simple rito, sino un encuentro transformador, como dijo Jesús:

> «*El que no naciere de agua y del Espíritu, no puede entrar en el reino de Dios*» (Juan 3:5).

Pedro lo explicó así:

> «*Arrepentíos, y bautícese cada uno… y recibiréis el don del Espíritu Santo*» (Hechos 2:38).

Cuando Dios nos pida cuentas, podré señalar a Jesús y decir: «Yo ya no te debo nada; Él pagó por mí», cumpliéndose lo que dice la Escritura:

> «*Anulando el acta de los decretos que había contra nosotros… clavándola en la cruz*» (Col 2:14).

UNA HERENCIA ESPIRITUAL

En el bautismo recibimos dones y autoridad espiritual. San Pablo lo explica así:

> «*Y si somos hijos, también somos herederos; herederos de Dios y coherederos con Cristo…*» (Romanos 8:17).

Jesús mismo afirmó:

«Les he dado autoridad para pisotear serpientes y escorpiones, y para vencer todo el poder del enemigo; nada les podrá hacer daño» (Lucas 10:19).

¿Qué significa eso? Son palabras fuertes, cuyo alcance a veces no comprendemos. Ser herederos de Dios no es una frase decorativa; es una realidad espiritual.

Ser herederos de Dios significa recibir perdón, autoridad sobre el enemigo y acceso al Reino. Si somos coherederos con Cristo y Él nos da Su autoridad, entonces tenemos derecho a ejercer Su poder en el mundo para vencer al mal y al enemigo, con todas sus tentaciones y males que conlleva.

Esta autoridad—mientras se viva con fe en Cristo— nos permite vivir en victoria, libres del mal, de las preocupaciones, del enojo y de las turbulencias de la vida; nos da poder para superar los obstáculos del mundo y vivir en paz.

AUTORIDAD Y PODER

El poder es la capacidad; la autoridad es el derecho legal para ejercerlo.

Te pongo un ejemplo: un cinturón negro en artes marciales tiene el poder físico para detener a alguien, pero no la autoridad para arrestarlo; esa autoridad la tiene la policía. En lo espiritual, muchos tienen «poder» (conocimiento, dones), pero solo en el nombre de Jesús se ejerce autoridad legítima para derrotar al enemigo.

Si un cristiano enfrenta un caso de opresión espiritual —por ejemplo, su hija tiene pesadillas constantes y siente presencias extrañas— y solo ora en silencio, puede que sus palabras no tengan el mismo impacto. En cambio, cuando se pone firme y declara con autoridad: «*En el nombre de Jesús, ordeno a todo espíritu inmundo que se vaya y no vuelva*», está ejerciendo el poder y la autoridad que Cristo le ha dado, y el enemigo no puede resistirse.

Ese poder y esa autoridad se reciben en el bautismo, al convertirnos en hijos de Dios.

UN LLAMADO PARA TODOS

Cada ser humano tiene un alma creada por Dios. Esa alma necesita regresar a Él a través de Jesús, aceptando nuestra identidad de hijos mediante el bautismo.

Si entendemos que todos venimos de Dios y fuimos creados a Su imagen, ¿por qué criticar, envidiar o maltratar? Al dañar al prójimo, herimos también a Dios, que habita en cada uno.

Jesús nos llama a amar al prójimo como a nosotros mismos, porque fuimos hechos a imagen y semejanza de Dios, y los que estamos bautizados somos parte de un mismo cuerpo.

Como enseña 1 Corintios 12:12–13:

> «*Porque, así como el cuerpo es uno y tiene muchos miembros, pero todos los miembros del cuerpo, siendo muchos, son un solo cuerpo, así también Cristo. Porque por un solo Espíritu fuimos todos bautizados en un cuerpo… y a todos se nos dio a beber de un mismo Espíritu*».

Esta es nuestra verdadera identidad y nuestra mayor herencia: vivir unidos en Cristo, como un solo cuerpo, reflejando el amor de Aquel que nos creó.

CAPÍTULO 4

HIJOS POR LA SANGRE

†

Un pastor caminaba por el campo cuando encontró una oveja desconsolada, balando con desesperación. Su pequeño cordero había muerto, víctima del ataque de un animal salvaje. A pocos metros, encontró un cordero solitario, llorando igualmente, desconsolado: su madre corrió la misma suerte.

Ambos perdieron algo invaluable. La oveja tenía leche, pero carecía de un hijo al cual alimentar. El cordero, por otro lado, tenía hambre, pero ya no contaba con una madre que lo sostuviera.

Sin embargo, las ovejas nunca amamantan a un cordero que no es suyo. Su instinto maternal responde únicamente al olor de su propio hijo. Un cordero ajeno le resulta extraño, desconocido, e incluso hostil.

Pero el pastor sabía exactamente qué hacer.

Tomó la sangre del cordero que había fallecido y la untó sobre el cuerpo del pequeño huérfano. Al acercar al corderito cubierto de sangre a la oveja, ocurrió algo extraordinario: la oveja olfateó profundamente y su corazón reconoció aquel aroma. El pequeño ya no era un extraño, sino que portaba el olor de su hijo. Sin dudarlo, la oveja abrió su corazón, lo aceptó, lo alimentó y lo protegió como si siempre hubiese sido suyo.

Esta historia no es simplemente una metáfora; es un hecho real.

Desde tiempos antiguos, los pastores han utilizado este método para lograr que una oveja adopte a un cordero. Al cubrir al cordero huérfano con la sangre del hijo fallecido, la oveja acepta y adopta al pequeño como propio. Es una práctica ancestral que ha sido transmitida de generación en generación.

No es casualidad que Dios, conociendo el profundo simbolismo de esta imagen, llamara a Jesús «el Cordero de Dios».

En Juan 1:36 leemos:

«Y mirando a Jesús que andaba por allí, dijo: ¡He aquí el Cordero de Dios!».

Así como aquel pastor cubrió al cordero huérfano con la sangre del que había muerto, Dios utilizó la sangre preciosa de Jesús, Su Hijo, para adoptarnos espiritualmente y salvarnos de la condena. Éramos como corderos huérfanos, errantes y manchados por el pecado. Nuestra comunión con Dios había sido rota desde que Adán y Eva pecaron, y ya no teníamos derecho a Su presencia ni a Su herencia.

Sin embargo, Dios Padre, en Su infinita misericordia, envió a Jesús, Su Cordero perfecto, para sacrificarse por nosotros. Al derramar Su sangre divina sobre nosotros, algo cambió para siempre:

Ahora, cuando Dios nos mira, ya no ve nuestro pasado, nuestros pecados o nuestras heridas. Ve únicamente la sangre de Su amado Hijo cubriéndonos.

Esto cambia radicalmente nuestra identidad y nuestra relación con Él.

Efesios 2:13 nos recuerda:

> «*Ahora, en Cristo Jesús, ustedes, que en otro tiempo estaban lejos, han sido acercados por la sangre de Cristo*».

Y Hebreos 10:19 afirma:

> «*Tenemos libertad para entrar en el Lugar Santísimo por la sangre de Jesucristo*».

Gracias al sacrificio de Jesús, ya no somos extranjeros ni huérfanos espirituales. Somos hijos adoptados, cubiertos y transformados por Su sangre, que nos otorga una nueva identidad divina.

Como dice 1 Pedro 1:18-19:

> «Dios los ha rescatado a ustedes de la vida sin sentido que heredaron de sus antepasados; y ustedes saben muy bien que el costo de este rescate no se pagó con cosas corruptibles, como el oro o la plata, *sino con la sangre preciosa de Cristo, ofrecido en sacrificio como un cordero sin defecto ni mancha*».

Juan 1:29 proclama claramente:

> «*He aquí el Cordero de Dios, que quita el pecado del mundo*».

Y la profecía mesiánica de Isaías 53:7 afirma:

> «Angustiado él, y afligido, no abrió su boca; como cordero fue llevado al matadero; y como oveja delante de sus trasquiladores, enmudeció y no abrió su boca».

Jesús cumplió fielmente esta profecía, ofreciéndose sin resistencia por nuestra redención.

Finalmente, Apocalipsis 12:11 concluye con una poderosa declaración:

> «Nuestros hermanos lo han vencido con la sangre derramada del Cordero y con el mensaje que ellos proclamaron; no tuvieron miedo de perder la vida, sino que estuvieron dispuestos a morir».

Gracias a la sangre del Cordero, ahora somos adoptados, alimentados con Su gracia y sostenidos eternamente por Su amor.

CAPÍTULO 5

UNA ELECCIÓN, UN CAMINO, UNA PUERTA

En este capítulo he reunido algunas analogías que me ayudaron a comprender mejor el camino espiritual. Espero que también resuenen contigo.

LA PUERTA EQUIVOCADA PUEDE DESVIARTE DEL CAMINO

Imagina que llegas corriendo al aeropuerto, apresurado porque tu vuelo está a punto de salir. Después de pasar el área de seguridad, buscas tu puerta de embarque. Sin embargo, al revisar tu pase, te das cuenta de algo alarmante: está en blanco. No sabes qué puerta te llevará a casa, y la ansiedad empieza a invadirte.

Desesperado, te encuentras con un amigo. Le preguntas cuál es la puerta correcta, pero él responde: «Cualquier puerta». Confundido, sigues su consejo y abordas un avión al azar. Al aterrizar, descubres que no estás en casa. Quizá llegaste a una zona peligrosa, esquivando riesgos y conflictos, tal vez te encuentras en un lugar gélido, sin ropa adecuada. La realidad es que, aunque bien intencionado, el consejo de tu amigo no te ayudó. Esto pudo haberse evitado si alguien te hubiera indicado la puerta correcta desde el principio.

Esta analogía representa lo que ocurre hoy con quienes creen que cualquier religión o camino lleva al cielo o a Dios. Nuestro verdadero hogar es el cielo, el lugar al que pertenecemos por haber sido creados a imagen y semejanza divina. Pero ¿todos los caminos realmente conducen allí?

Jesús es claro al decirnos: «Yo soy el camino, la verdad y la vida. Nadie viene al Padre, sino por mí» (Juan 14:6).

Jesús no es solo una opción más; *Él es la única puerta hacia nuestro verdadero hogar*. Elegir cualquier otro camino puede alejarnos del destino al que verdaderamente pertenecemos.

UNA ENCRUCIJADA DECISIVA

Imagina ahora que vas manejando por un camino que se divide en dos direcciones. Es una decisión crucial, pero no tienes un mapa, ni señales claras que indiquen el camino correcto. A lo lejos, ves dos figuras: una está viva, y la otra, evidentemente, está muerta.

¿A quién le preguntarías cuál es el camino correcto? La respuesta es obvia: confiarías en quien está vivo. Solo alguien que tiene vida puede guiarte con certeza.

En el ámbito espiritual, Jesús es el único que puede hacerlo. A diferencia de figuras importantes como Buda, Mahoma o Moisés, cuyos cuerpos siguen enterrados en la tierra, Jesús resucitó. Su tumba está vacía. Su victoria sobre la muerte demuestra que Él tiene el poder y la sabiduría para guiarnos.

LA ÚNICA PUERTA

Jesús dijo claramente: «Yo soy la puerta; el que entre por mí será salvo» (Juan 10:9).

Él es el único acceso legítimo al Padre. Tomar caminos alternativos puede llevarnos a destinos espiritualmente errados, lejos de Dios.

Cada día enfrentamos decisiones importantes. Elegir la puerta correcta no es cuestión de suerte; sino de reconocer la verdad revelada en Jesús. Él no nos dejó en incertidumbre: Él mismo es la guía segura hacia Dios.

Cuando debas decidir, pregúntate: ¿Estoy siguiendo a quien está vivo? ¿Estoy entrando por la puerta verdadera?

¿Por qué Jesús es nuestra salvación?

Porque Dios, en su infinito amor, decidió asumir personalmente el pago por nuestros pecados. Envió a su Hijo Jesús para cargar con nuestras culpas y ofrecernos la salvación.

¿Pero salvación de qué?

Como Dios es amor, también es justo. Y el verdadero amor incluye justicia. Cuando Adán y Eva cometieron el pecado original, se rompió algo en la creación: un daño espiritual cuya consecuencia era la condenación. Pero Dios, en su misericordia, no quiso que ese fuera nuestro destino. Por eso envió a su Hijo, Jesús, para pagar esa deuda con su vida, restaurar lo que se había perdido y abrirnos el camino de regreso a casa.

A través de nuestros pecados, rompimos nuestra relación con Él y causamos un daño irreparable. Este daño, según la justicia divina, debía ser pagado, porque Dios es justo. Sin embargo, también es misericordioso, y en lugar de hacernos cargar con ese peso, Él dijo: «Yo me encargo».

Entonces decidió pagar Él mismo esa deuda enviando a Jesús a morir en nuestro lugar, para cargar con el castigo que nosotros merecíamos. Este acto divino fue la mayor muestra de amor imaginable.

Al morir por nosotros, abrió el único camino de regreso al Padre. Solo tienes que aceptarlo. Está disponible para todo aquel que cree en Él y lo recibe como su Señor y Salvador.

¿QUÉ SUCEDE CON QUIENES NO CREEN EN JESUCRISTO?

Dios respeta nuestra libertad. Quienes rechazan a Jesús en vida deberán enfrentar la justicia divina y responder por su propia deuda espiritual. Y esto aun cuando hayan sido consideradas «buenas» personas, porque como dijo Jesús: «Ninguno hay bueno, sino solo uno, Dios» (Marcos 10:18).

Algunos podrían tener una oportunidad de purificación en el purgatorio, un estado transitorio antes de entrar en la presencia de Dios. Pero los que aceptan a Jesús y mueren sin pecado (es decir, reconciliados con Dios), tienen asegurada la entrada directa al cielo.

Dios lo dejó claro en su Palabra:

> Jeremías 31:34: «Porque *perdonaré la maldad de ellos, y no me acordaré más de su pecado*».

Isaías 43:25: «Yo, yo soy el que borro tus transgresiones por amor de mí mismo, *y no me acordaré de tus pecados*».

Miqueas 7:18-19: «¿Qué Dios como tú, que perdona la maldad y olvida el pecado del remanente de su heredad? (...) Sepultará nuestras iniquidades y *echará en lo profundo del mar todos nuestros pecados*».

Hebreos 10:17: «*Y nunca más me acordaré de sus pecados y maldades*».

Si Dios nos perdona y olvida nuestros pecados, no tenemos ninguna deuda pendiente con Él. Jesús ya pagó por nuestros pecados en la cruz, y si aceptamos su sacrificio, podemos tener la certeza de que nuestra salvación está asegurada.

Por otro lado, quienes mueran sin aceptar a Jesús, tienen una deuda pendiente.

La decisión es tuya.

Dios no impone su amor ni su salvación. Te ofrece el camino, pero eres tú quien debe decidir si lo aceptas o no.

¿Entrarás por la puerta que lleva a la vida eterna, o seguirás un camino incierto?

Tu salvación está en tus manos.

CAPÍTULO 6

COMER PARA VIVIR ETERNAMENTE

Al recibir la Eucaristía, nos conectamos directamente con el Creador. En esta reflexión, quiero profundizar en esa idea mediante una analogía que revela la importancia vital de alimentar nuestra alma.

El ser humano tiene un cuerpo que necesita elementos esenciales para sobrevivir: aire, agua y alimentos. Sin ellos, el cuerpo se debilita hasta dejar de funcionar. Pero no basta con consumirlos: su calidad importa. Respirar aire contaminado daña los pulmones. Beber agua impura puede enfermarnos. Comer alimentos procesados perjudica nuestra salud. En cambio, cuando elegimos aire puro, agua limpia y comida nutritiva, nuestro cuerpo se fortalece, se llena de energía y puede vivir con mayor plenitud.

Lo mismo ocurre con el alma. Como dijo Teilhard de Chardin: *«no somos seres humanos viviendo una experiencia espiritual, sino seres espirituales viviendo una experiencia humana»*.

Si somos, en esencia, seres espirituales, ¿cómo alimentamos correctamente nuestro espíritu?

Hoy en día existen muchas formas de «nutrir» la espiritualidad: religiones, filosofías, técnicas, meditaciones... Pero, así como no todos los alimentos son buenos para el cuerpo, no todas las prácticas alimentan el alma y espíritu de forma saludable.

Existe algo fundamental en lo espiritual: solo hay un Creador. Él es la fuente de nuestra existencia y el único alimento verdaderamente esencial para nuestra alma. Provenimos de Él y es en *Él donde nuestra alma encuentra su plenitud, su pureza, su fortaleza y su salvación.*

¿CUÁL DE TODOS LOS ALIMENTOS ESPIRITUALES ES EL MEJOR PARA NUESTRA ALMA?

Jesús respondió claramente a esta necesidad en Juan 6:51-58:

> *«Yo soy el pan vivo bajado del cielo; el que coma de este pan vivirá para siempre... El que come mi carne y bebe mi sangre, tiene vida eterna... Mi carne es verdadera comida y mi sangre, verdadera bebida... El que come de este pan vivirá para siempre».*

Jesús no habló en sentido figurado. Él se presenta como el alimento verdadero: quien lo recibe permanece en Él y vive para siempre. Solo Él ofrece no únicamente fortaleza espiritual, sino vida eterna.

Otros métodos o «alimentos» espirituales pueden dar alivio

momentáneo, inspiración o bienestar emocional, pero ninguno ofrece lo que Jesús da: la unión con Dios y la salvación eterna.

¿QUÉ SUCEDE CUANDO NO NUTRIMOS EL ALMA CON JESÚS?

Muchos buscan energía en prácticas espirituales alternativas: reiki, budismo, cristales, meditaciones orientales… Estas pueden generar sensaciones o momentos de paz, pero rara vez traen satisfacción duradera. Como un cuerpo que sobrevive a base de comida chatarra, el alma sigue teniendo hambre. Quien no se alimenta con lo eterno, termina buscando sin cesar.

Esa es la gran diferencia: la energía de Jesús es eterna, sanadora y profundamente saciante. Cuando experimentas su amor verdadero, el alma se llena. Ya no necesitas seguir buscando. La inquietud desaparece. Has vuelto a casa.

LA COMUNIÓN: EL REGALO SUPREMO

En la Eucaristía, Jesús nos ofrece su cuerpo y su sangre como verdadero alimento para el alma. Este acto sagrado no es solo un recuerdo simbólico de su sacrificio, sino una unión real y viva con su divinidad.

Al recibirlo, entramos en comunión con el Creador. Es en este momento donde el alma se fortalece, se purifica y se conecta directamente con la Fuente de la Vida.

El demonio puede disfrazarse de luz y manipular otras formas de espiritualidad. Pero la energía divina de Jesús es impenetrable, incorruptible e infinitamente más poderosa. Solo Él tiene el poder de protegernos contra el mal, algo que otras prácticas, religiones o artefactos no pueden ofrecer.

UNA INVITACIÓN A VOLVER A LA FUENTE

Por eso, no temas alabar a Dios ni recibir a Jesús en la Comunión. Es el mayor regalo que se nos ha dado: su cuerpo y su sangre, ofrecidos para darnos vida, salvación y libertad. No dejes que la vergüenza, la duda o el juicio de otros te alejen del alimento más puro y sagrado.

Permite que el amor de Jesús te llene por completo.

Deja que el Espíritu Santo te inunde y experimentarás una plenitud y una paz que ninguna otra fuente puede darte.

Tu alma volverá a casa.

CAPÍTULO 7

LA CARRERA DE LA VIDA

✝

Imagina que, durante toda tu vida, te has alimentado de comida chatarra, nunca has hecho ejercicio ni te has preocupado por cuidar tu cuerpo. Tus padres nunca te enseñaron a alimentarte bien ni a ejercitarte porque ellos tampoco lo hacían.

Pasan los años y empiezas a aumentar de peso considerablemente. Al llegar a los cincuenta años, tu cuerpo comienza a pasarte factura: las rodillas y la espalda baja te duelen constantemente. Caminas con dificultad porque tu cadera te molesta. Ya no puedes estar mucho tiempo de pie porque el dolor en las rodillas se vuelve insoportable.

Cansado de tu estado físico y del malestar que te impide moverte bien, decides tomar cartas en el asunto y acudir a un nutriólogo. Él te enseña, poco a poco, cómo eliminar ciertos alimentos dañinos y cómo empezar a hacer ejercicio de manera gradual. Te guía sobre qué y cuánto comer, y qué ejercicios realizar. Cada semana va ajustando tu dieta y aumentando la intensidad del ejercicio, sustituyendo los malos hábitos por opciones más saludables.

Un mes después, empiezas a notar cambios importantes: has bajado varios kilos, el dolor en las rodillas disminuye, tu espalda se siente más fuerte y puedes estar de pie por más tiempo sin molestias. Este progreso te motiva a seguir adelante. Te comprometes más con tu dieta, aumentas la intensidad de tus entrenamientos y, antes de darte cuenta, ya estás trotando.

Tres meses después, casi has alcanzado tu peso ideal. El dolor en las rodillas y la espalda desaparece por completo. Te sientes ligero, ágil y con una energía renovada. Ahora puedes correr sin esfuerzo, y el bienestar físico que experimentas te impulsa a establecer una nueva meta: correr un maratón completo.

Durante los siguientes seis meses, sigues entrenando con disciplina. Te alimentas bien, aumentas la resistencia y fortaleces tu cuerpo. Finalmente, diez meses después de haber iniciado este proceso, corres un maratón y lo terminas con una sonrisa de oreja a oreja.

Hace menos de un año apenas podías caminar sin dolor, y ahora has logrado completar una carrera de 42 kilómetros. Te sientes feliz, satisfecho y orgulloso de ti mismo.

Así sucede con nuestra vida espiritual.

Muchas veces vivimos lejos de Jesús, alimentándonos del ruido del mundo, de pensamientos negativos, de heridas sin sanar. Todo parece soportable por un tiempo, pero eventualmente nuestra alma empieza a pasarnos factura: falta de paz, enojo, ansiedad, vacío. Nos sentimos perdidos y sin rumbo.

Y entonces, igual que el que buscó al nutriólogo, buscamos al verdadero guía para sanar el alma: Jesús. Él es quien nos restaura, nos enseña a vivir de nuevo y nos transforma desde adentro.

Otros caminos espirituales pueden ofrecer consuelo momentáneo, pero solo Jesús puede darte una calma profunda y duradera, una paz que no depende de las circunstancias. Una vez que comienzas a caminar con Él, sientes cómo tu ser interior cambia: más paciencia, más esperanza, más amor.

Descubres que puedes hablar con Él como con un amigo cercano, porque Jesús está vivo, presente y cercano.

A medida que tu relación con Jesús se profundiza, se fortalece tu espíritu. Descubres una paz que permanece incluso en medio de las tormentas.

La misma paz que Jesús mostró cuando dormía en la barca mientras el mar se agitaba (Marcos 4:38-39).

Y cuando tu alma experimenta esta transformación, te sientes como el maratonista que cruza la meta: lleno de vida, de gozo, de plenitud.

Ahora piensa en esto:

Quién genera mayor alegría: ¿aquel que siempre tuvo una vida saludable, o aquel que, sin haber tenido guía ni buenos hábitos, logra transformar su vida y correr un maratón?

La respuesta es clara: aquel que superó mayores obstáculos.

Y el verdadero amigo, el que siempre ha corrido maratones, lejos de sentir envidia, se alegra de ver a su compañero alcanzarlo y correr a su lado.

Así es Dios con nosotros.

Quien nunca conoció la fe, o quien se apartó de Jesús, pero regresa y se entrega a Él, causa una inmensa alegría en el cielo.

Y quienes ya caminan con Jesús, lejos de sentir celos, celebran con gozo su regreso.

Porque al final, todos compartimos la misma meta: la vida eterna.

Jesús mismo lo enseñó en la parábola del hijo pródigo:

«*Pero mientras todavía estaba lejos, su padre lo vio y sintió compasión por él; corrió, se echó sobre su cuello y lo besó*» (Lucas 15:20).

CAPÍTULO 8

MÁS CERCA, MÁS GRANDE

Hemos oído hablar mucho sobre la grandeza de Jesús y su infinita bondad.

Dios, en su inmensa majestuosidad, decidió encarnarse en un ser humano —Jesús— para salvarnos mediante su sacrificio en la cruz.

Al resucitar, no solo venció al pecado y a la muerte, sino que también nos dejó un regalo invaluable: el Espíritu Santo, quien nos guía, fortalece y capacita para vencer la condenación eterna.

Pero, ¿cómo podemos comprender la magnitud de su grandeza?

La única manera es acercándonos a Él.

Imagina que vuelas en un avión y observas un edificio desde las alturas. Se ve pequeño, insignificante. Cuanto más te alejas, más disminuye su tamaño. Sin embargo, a medida que te acercas, el edificio se agranda ante tus ojos. Cuando estás justo debajo, mirando hacia arriba, puedes apreciar su verdadera grandeza, su imponente magnitud.

Así es Dios: su inmensidad, su amor y su gloria solo se perciben cuando te acercas a Él.

A la distancia, su grandeza puede parecer abstracta o lejana; pero al estar cerca, descubres la realidad asombrosa de su Ser.

Dios es tan grande que te ofrece abundancia, paz, amor, perdón y misericordia. Su amor por ti es incondicional, y su perdón no tiene límites.

Él comprende que el pecado —ya sea enojo, crítica, odio o cualquier otra forma de alejamiento— es una fuerza del demonio que busca esclavizarte.

Pero Jesús no espera que seas perfecto para acercarte a Él. Al contrario, te llama tal como eres, con todas tus cargas y errores, para transformar tu corazón y liberarte.

Como dice una reflexión popular:

«*No te limpias para meterte a bañar; te metes a bañar para limpiarte*».

De igual manera, no necesitas estar libre de pecado para acercarte a Jesús; es estando con Él que tu alma se limpia, tu vida se renueva y las cadenas que te atan se rompen.

Jesús lo expresó así:

«Vengan a mí todos los que están cansados y agobiados, y yo les daré descanso. Lleven mi yugo sobre ustedes y aprendan de mí, que soy manso y humilde de corazón, y hallarán descanso para sus almas. Porque mi yugo es suave y mi carga es liviana» (Mateo 11:28-30).

Y también:

> «Depositen en Él toda ansiedad, porque Él cuida de ustedes» (1 Pedro 5:7).

Dios no solo te limpia; te transforma y te da un propósito eterno. Su amor y su poder pueden cambiar tu vida para siempre.

LIBERTAD Y VIDA ETERNA

El pecado esclaviza.

Nos arrastra a la culpa, a la tristeza y, finalmente, a la muerte espiritual.

Pero Jesús, con su sacrificio, nos liberó y nos ofreció el mayor de los regalos: la vida eterna.

(Romanos 6:22-23).

> «Pero ahora que habéis sido libertados del pecado y hechos siervos de Dios, tenéis por vuestro fruto la santificación, y como fin, la vida eterna. Porque la paga del pecado es muerte, pero la dádiva de Dios es vida eterna en Cristo Jesús Señor nuestro».

UN LLAMADO A LA TRANSFORMACIÓN

Dios te llama a acercarte sin temor ni vergüenza. No importa cuán lejos hayas caído, ni cuántos errores hayas cometido: Su invitación siempre está abierta. Él anhela abrazarte, como el padre abrazó al hijo pródigo:

«Cuando aún estaba lejos, su padre lo vio, se llenó de compasión, corrió hacia su hijo, lo abrazó y lo besó» (Lucas 15:20).

Al aceptar Su amor y misericordia, experimentarás una transformación profunda, como la de Pablo, quien pasó de perseguidor a apóstol.

Su presencia te llenará de una paz que no depende de las circunstancias, de un amor que no se agota, y de una fuerza que te hará superar cualquier adversidad, como David enfrentando a Goliat.

PERMITE QUE LA GRANDEZA DE DIOS SE REVELE EN TU VIDA

Acércate a Él en oración, sumérgete en Su Palabra, y deja que Su amor transforme tu corazón. Él romperá tus cadenas, restaurará tu vida y te llevará a experimentar la verdadera plenitud que solo Su gracia puede ofrecerte.

CAPÍTULO 9

LA ORACIÓN: EL PORTAL A LA DIVINIDAD

Antes de seguir leyendo, quiero invitarte a reflexionar sobre una pregunta profunda: ¿qué es el alma y cómo podemos acceder a ella?

En el capítulo «Chispas de la expansión de Dios» vimos que todos llevamos dentro una chispa divina, nuestra alma. Pero ahora surge otra interrogante: ¿cómo nos conectamos verdaderamente con esa divinidad que reside en nuestro interior?

Buscando definiciones, encontré una que me pareció acertada: «El alma es la parte del individuo que contiene una porción divina, que imprime la personalidad individual, donde residen la imaginación, los sentimientos y la razón (mente, emoción y voluntad)».

Aunque esta definición es útil, no nos enseña cómo acceder directamente al alma.

Hoy en día, la mayoría vivimos atrapados en la rutina. Nos

levantamos, trabajamos, regresamos a casa y dormimos, repitiendo un ciclo sin fin. Hemos dejado de lado la vida espiritual, desconectándonos de nuestro propósito profundo. Nos movemos por inercia, atrapados en lo material, olvidando el don sobrenatural que habita en nuestro interior.

Si Dios, en Su infinito poder, nos dotó de una chispa divina al crearnos a su imagen y semejanza, ¿no es lógico pensar que también podemos acceder a ese don para sanar, restaurar y vencer nuestros miedos?

La respuesta es sí, pero para lograrlo necesitamos despertar. Es como en la película *Matrix*: ¿queremos seguir en la ilusión o queremos despertar a la verdad?

La definición humana del alma, aunque valiosa, no es suficiente. ¿Por qué no preguntarle directamente a nuestra alma quiénes somos? Nuestra alma, conectada a Dios, posee la sabiduría que requerimos.

Recordemos: el alma existió antes del cuerpo y existirá después de él. Es eterna, como nos enseña la Escritura:

> Jeremías 1:5: «Antes que te formase en el vientre te conocí...».

> Juan 17:24: «Me has amado desde antes de la fundación del mundo».

Entonces, ¿no deberíamos escuchar esa voz interior antes que cualquier lógica humana?

EL ALMA: EL VERDADERO CONDUCTOR

Imagina que compras un automóvil. Te sientas al volante y recorres distintos lugares con él. Luego, alguien se acerca al coche y le pregunta: «¿Quién eres?», el auto respondería: «Soy un vehículo que se desplaza sobre ruedas». Pero si esa misma persona te pregunta a ti, el conductor, «¿Quién eres?», tu respuesta sería completamente distinta. No dirías: «Soy un automóvil», sino: «Soy una persona que utiliza este carro para alcanzar mi destino».

De la misma manera funciona el alma. Al nacer, nuestra alma entra en el cuerpo humano como un conductor que toma el control de un coche para recorrer su camino y cumplir el propósito divino para el que fue enviada.

El cuerpo es el medio, pero el alma es quien define el rumbo y da significado al viaje. Por eso es esencial cuidar tanto del cuerpo, nuestro vehículo, como del alma, el verdadero conductor, para que podamos alcanzar ese destino final: el propósito para el que fuimos creados.

El problema surge cuando olvidamos que somos el conductor. El cuerpo sigue funcionando, pero vacío, en «piloto automático». Sin el alma despierta, la vida se vuelve vacía, caótica y vulnerable a la oscuridad.

Cuando perdemos la conexión con nuestra alma, experimentamos vacío, confusión y desorientación. Para reencontrarnos, debemos volver a conectar con nuestro Creador.

¿CÓMO ACCEDEMOS A NUESTRA ALMA?

Es como cuando te paras frente a una pintura y tratas de descifrar su significado. A primera vista, solo ves colores, formas y trazos, pero desconoces el verdadero mensaje de la obra. Puedes especular sobre su significado, pero nunca conocerás su propósito real hasta que hables con el artista y le preguntes: «¿Por qué creaste esta obra? ¿Qué querías expresar con ella?».

Así también: no entenderemos nuestro propósito hasta que hablemos con Aquel que nos creó.

Acceder a nuestra verdadera esencia requiere silenciar el ruido del mundo. Solo en el silencio del corazón podemos escuchar la voz de Dios.

Hay dos caminos principales para desconectarnos del exterior: el sueño y la oración o meditación.

El sueño nos desconecta de manera inconsciente, pero la oración y la meditación nos permiten entrar conscientemente en contacto con el alma.

Cuando oramos profundamente:

- Silenciamos los pensamientos dispersos.

- Dejamos atrás las distracciones.

- Accedemos a nuestra conciencia pura.

Solo allí, en el amor y en la paz, podemos escuchar la voz de Dios.

Como dice 1 Juan 4:8:

«El que no ama no ha conocido a Dios, porque Dios es amor».

El amor es la llave que abre la puerta de la comunión con nuestro Creador.

Aunque nuestros ojos físicos no vean esta conexión, es tan real como el aire que respiramos: invisible, pero vital.

EL ESPÍRITU SANTO: NUESTRO GUÍA SEGURO

Una vez en estado de oración profunda, es fundamental invocar al Espíritu Santo.

Él nos protege del engaño y nos conecta directamente con Dios. Podemos preguntarle:

- «Señor Jesús, ¿quién soy?».
- «¿Cuál es mi propósito?».
- «¿Qué verdad necesito abrazar?».

Las respuestas pueden llegar como visiones, intuiciones, palabras internas o señales en el día a día.

La clave es la paciencia. Escuchar a Dios es como aprender un nuevo idioma: requiere práctica, silencio interior y perseverancia.

DIOS NO FALLA

Cuando sufrimos, es fácil preguntar: «¿Por qué me pasa esto?». Sin embargo, cada dificultad puede ser una oportunidad para acercarnos a Él.

Dios no desea que vivamos en confusión ni en constante dolor. Él nos ofrece Su amor y una paz inquebrantable.

Como dice Jesús en Mateo 16:24-26:

«El que quiera venir conmigo, que renuncie a sí mismo, que tome su cruz y me siga… ¿De qué le sirve a uno ganar el mundo entero, si pierde su alma?».

Solo al entregarnos a Él podemos encontrar plenitud y un propósito verdadero.

¿CÓMO FACILITAR LA CONEXIÓN CON DIOS?

- **Cierra los ojos**: reduce los estímulos externos.
- **Busca la oscuridad o un ambiente tranquilo**: la oscuridad estimula la calma.
- **Respira profundamente**: entra en coherencia cardíaca, armonizando cuerpo y mente.
- **Invoca al Espíritu Santo**: «Espíritu Santo, en nombre de Jesús, ven a mí».

Al alcanzar este estado, experimentaremos una paz inexplicable, una sensación de amor envolvente que transforma nuestro interior. Muchos también encuentran útil acompañar este momento con música de alabanza, ya que eleva el espíritu y fortalece nuestra conexión con lo divino.

Algunas prácticas espirituales hablan de la alineación de los centros de energía del cuerpo como medio para alcanzar la armonía. Sin embargo, en mi experiencia, descubrí que cuando el Espíritu

Santo se manifiesta, Su poder actúa de manera instantánea, llenando todo nuestro ser con una paz indescriptible.

No es necesario depender de técnicas complejas ni de largas sesiones de meditación, porque Su gracia nos transforma en un solo instante.

Recuerdo un momento en mi vida en que sentí Su presencia de manera abrumadora. Fue como una energía vibrante recorriendo todo mi cuerpo, un amor tan inmenso e inexplicable que disipó todos mis miedos y preocupaciones. Desde ese día, el Espíritu Santo comenzó a enseñarme las mentiras en las que había creído y me mostró la verdad.

Comprendí que la verdadera armonía no proviene de técnicas humanas ni de esfuerzos propios, sino de la entrega total a Dios y a Su Espíritu.

Dios siempre nos habla, pero somos nosotros quienes debemos aprender a escuchar.

Como dice Job 33:14-18:

> «Dios habla de muchas maneras, pero no nos damos cuenta. A veces lo hace en las noches, en un sueño o una visión, cuando los hombres ya duermen, cuando el sueño los domina. Dios habla al oído de los hombres; los reprende y los llena de miedo, para apartarlos de sus malas obras y prevenirlos contra el orgullo. Así los libra de la tumba, los salva de la muerte».

CAPÍTULO 10

EL CAMINO AL AMOR ETERNO

✝

En el Evangelio de Mateo 19, 16-19, leemos:

> «Y he aquí, un joven vino a Él, diciendo: "Maestro bueno, ¿qué bien haré para tener la vida eterna?". Jesús le dijo: "¿Por qué me llamas bueno? Ninguno es bueno sino uno: Dios. Mas si quieres entrar en la vida, guarda los mandamientos". Le preguntó: "¿Cuáles?" y Jesús le contestó: "No matarás, no adulterarás, no hurtarás, no dirás falso testimonio, honra a tu padre y a tu madre, y ama a tu prójimo como a ti mismo"».

Más adelante, en Mateo 22, 34-40, Jesús resume toda la ley en dos grandes mandamientos:

> «Entonces los fariseos se reunieron para interrogarlo, y le dijeron: "Maestro, ¿cuál es el gran mandamiento de la

ley?". Jesús les respondió: "'Amarás al Señor tu Dios con todo tu corazón, con toda tu alma y con toda tu mente'. Este es el gran y primer mandamiento. Y el segundo es semejante a este: 'Amarás a tu prójimo como a ti mismo'. De estos dos mandamientos depende toda la ley y los profetas"».

Aquí, Jesús deja claro que la base de toda la ley es el amor: primero hacia Dios, y luego hacia el prójimo.

¿QUIÉN ES DIOS PADRE?

Cuando Jesús nos manda a amar a Dios, surge una pregunta fundamental: ¿quién es realmente Dios Padre?

La Escritura nos revela su esencia en tres verdades centrales:

1. Dios es la fuente de toda bondad

Jesús deja claro que la bondad absoluta proviene solo de Dios. Su respuesta «Ninguno es bueno sino uno: Dios (…)» se da desde su humanidad, ya que el joven lo llama «maestro» y no lo reconoce aún como el Hijo de Dios.

2. Dios es espíritu

En Juan 4, 24, leemos:

> «Dios es espíritu, y los que lo adoran deben adorarlo en espíritu y en verdad».

Este pasaje nos recuerda que Dios no es una entidad material, y que nuestra conexión con Él debe ser interior y auténtica, no solo ritual o externa.

3. *Dios es amor*

Finalmente, en 1 Juan 4, 7-8, encontramos una afirmación esencial:

> «Amados, amémonos unos a otros; porque el amor es de Dios. Todo aquel que ama, es nacido de Dios, y conoce a Dios. El que no ama, no ha conocido a Dios; porque Dios es amor».

Dios no solo posee amor: Él es Amor en su forma más pura.

¿CÓMO ADORAR VERDADERAMENTE A DIOS?

Estos pasajes nos enseñan que:

- Adorar a Dios implica vivir en el amor.
- Se requiere profundizar en nuestra espiritualidad, cultivando la oración, la meditación y la vida interior.
- Dirigir nuestras acciones hacia el bien es reflejar Su bondad en el mundo.

No podemos adorarlo solo con prácticas externas, sino con un espíritu transformado que sintonice con Su esencia.

JESÚS: EL HIJO QUE REVELA AL PADRE

Jesús proclamó ser el Hijo de Dios, pero muchos no creyeron, tal como alguien que presenta su identificación, pero todavía sigue siendo cuestionado. Sin embargo, Jesús respaldó su afirmación con milagros: sanó, liberó, resucitó muertos y, finalmente, venció a la muerte, resucitando Él mismo al tercer día. No solo habló del amor de Dios: lo encarnó.

EL AMOR PERFECTO ELIMINA EL TEMOR

> 1 Juan 4:18 declara: «*En el amor no hay temor*, sino que el perfecto amor echa fuera el temor; porque el temor lleva en sí castigo. De donde el que teme, no ha sido perfeccionado en el amor».

El miedo no proviene de Dios. Es el demonio quien siembra temor, preocupación y angustia para alejarnos de la paz divina. Cuando vivimos en el amor de Dios, el miedo pierde su fuerza.

Para permanecer en esta vida de amor y libertad, Jesús nos invita a:

- Orar constantemente para fortalecer nuestra conexión con el Padre.

- Participar de la Eucaristía, recibiendo la vida de Cristo en nosotros.

- Amar al prójimo, reflejando así el amor divino en el mundo.

LA VIDA ETERNA COMIENZA HOY

La vida eterna no es solo un premio futuro: empieza aquí y ahora, cuando vivimos conectados al amor de Dios.

Jesús nos llama a ser luz en medio de la oscuridad, a reflejar su amor en nuestras palabras y acciones. Como nos dice Mateo 5 14-16:

> «Vosotros sois la luz del mundo… Así alumbre vuestra luz delante de los hombres, para que vean vuestras buenas obras, y glorifiquen a vuestro Padre que está en los cielos».

Cada pequeño acto de amor y bondad que realizamos es una chispa de la vida eterna que ya habita en nosotros.

Dios nos llama a vivir una vida libre de miedos y llenos de amor.

A medida que cultivamos esta conexión con Él —a través de la oración, la comunión y el servicio al prójimo—, nos transformamos en testigos vivos de Su bondad, Su espíritu y Su amor.

Que nuestra vida sea un reflejo de esa luz que nunca se apaga, para que, al final de nuestro camino, podamos escuchar de su boca:

> *«Bien, buen siervo y fiel; sobre poco has sido fiel, sobre mucho te pondré; entra en el gozo de tu señor»* (Mateo 25:21).

CAPÍTULO 11

EL CAMINO HACIA NUESTRA IDENTIDAD ORIGINAL

En los capítulos anteriores hemos hablado de nuestra conexión con Dios, de la chispa divina que habita en el alma, y del poder transformador de la comunión y del Espíritu Santo. Ahora, en esta reflexión, quiero llevarte un paso más allá: a descubrir que no solo estamos conectados con Dios, sino que fuimos creados a Su imagen y semejanza, llamados a vivir desde esa identidad original. Este es un llamado profundo a recordar quiénes somos en esencia, y a vivir de acuerdo con esa verdad espiritual que llevamos dentro.

Jesús es la encarnación de Dios, gracias al Espíritu Santo, la manifestación viva de la energía divina. Por eso poseía el poder divino que le permitió realizar milagros y acciones extraordinarias. Jesús es Dios, no solo por las obras que realizó, sino también por el amor y la paz que irradiaba, un estado que cualquier ser humano puede alcanzar.

En su infinita sabiduría, Jesús nos envió al Espíritu Santo, quien nos da la fuerza para superar nuestras preocupaciones humanas y vivir en armonía, tal como fuimos creados originalmente para hacerlo. El mismo Espíritu Santo que estuvo en Jesús es el que ahora recibimos a través del bautismo.

Jesús nos mostró que no estaba atado a preocupaciones terrenales, como el dinero, los conflictos familiares o las responsabilidades cotidianas. Su vida fue un ejemplo de total confianza en Dios, despojándose de lo material y viviendo en plenitud espiritual. Aunque para nosotros estas preocupaciones parecen inevitables, el Espíritu Santo nos ofrece el poder para enfrentarlas con fe y serenidad, acercándonos al amor y la paz que Jesús vivió.

Es gracias al Espíritu Santo que podemos aspirar a ser como Jesús: vivir en paz, amar sin medida y encontrar plenitud en nuestra relación con Dios y con nuestros seres queridos aquí en la Tierra.

¡Qué dicha y bendición tan grande es ese regalo que Dios nos ha dado!

NUESTRA VERDADERA IDENTIDAD

Si analizamos el siguiente silogismo:

Premisa 1: Dios es Amor Divino.

Premisa 2: Jesús es Amor Divino.

Conclusión: Jesús es Dios.

Siguiendo esta lógica, surge una pregunta clave: si nosotros logramos ser amor divino… ¿no nos estaríamos acercando también a nuestra naturaleza divina?

La respuesta la encontramos en Génesis 1:26-27:

> «Entonces dijo Dios: "Hagamos al hombre a nuestra imagen, conforme a nuestra semejanza (…)". Creó, pues, Dios al hombre a su imagen; a imagen de Dios lo creó; hombre y mujer los creó».

Esto confirma que fuimos creados a imagen y semejanza de Dios, lo cual significa que llevamos el amor divino como esencia original. Nuestra alma está llamada a unirse a Él porque somos parte del cuerpo de Cristo.

Así lo explica San Pablo en 1 Corintios 12:12-14, 27:

> «Así como el cuerpo es uno y tiene muchos miembros, pero todos los miembros, siendo muchos, forman un solo cuerpo, así también Cristo. Porque por un solo Espíritu fuimos todos bautizados en un solo cuerpo (…). Ustedes son el cuerpo de Cristo, y cada uno es un miembro de él».

Es como si las gotas de agua dispersas —mencionadas en el capítulo «La conexión divina: chispas de la expansión de Dios»— regresaran a su origen: la fuente eterna de la que fueron separadas.

LA GRAN DECISIÓN

El gran desafío es decidir cómo queremos vivir:

¿Aceptaremos nuestra identidad original, como seres creados a imagen y semejanza de Dios o preferiremos la mentira del pecado, que nos define como indignos y nos separa de nuestra esencia?

Recuerda: nuestras acciones construyen nuestra identidad. Si reconocemos a Jesús como nuestro Dios y actuamos como Él, podremos regresar a nuestra verdadera naturaleza: una vida de santidad, paz y amor auténtico.

Este es el propósito divino que nos espera, pero la decisión es personal y está en nuestras manos.

CAPÍTULO 12

EL LLAMADO A LA SANTIDAD

He estado reflexionando sobre el Padre Nuestro, la oración que Jesús nos enseñó. Al analizarla detenidamente, me surgió una conexión que me llevó a interpretarla desde una perspectiva distinta a la tradicional. Tal vez algunos estudiosos no coincidan con esta visión, pero deseo compartirla, con humildad y apertura, como una invitación a profundizar en su significado.

La oración comienza así:

«Padre nuestro, que estás en el cielo, santificado sea tu nombre...».

La frase «santificado sea tu nombre» se entiende de forma literal: que el nombre de Dios debe ser santificado. Sin embargo, me detuve y me pregunté:

¿Cómo podemos santificar a Aquel que ya es Santo?

En Levítico 11:44, Dios mismo dice:

«Porque yo soy el SEÑOR su Dios. *Ustedes, por tanto, santifíquense y sean santos, porque yo soy santo*».

Comprendo expresiones como «Alabado sea tu nombre» o «Santo eres Tú, Señor Jesús», pues reconocen la santidad de Dios. Pero «santificar su nombre» me generó una inquietud: si Dios ya es Santo… ¿qué estamos realmente pidiendo?

EL NOMBRE DE DIOS Y SU SIGNIFICADO

Para encontrar una posible respuesta, fui al origen del nombre de Dios. En Éxodo 3:13-15, Dios se lo revela a Moisés:

> «Moisés dijo a Dios: "Si voy a los hijos de Israel y les digo: 'El Dios de sus padres me ha enviado a ustedes', y ellos me preguntan: '¿Cuál es su nombre?', ¿qué les responderé?". Dios respondió a Moisés:
>
> "*Ehyeh Asher Ehyeh*" (*Yo Soy el que Soy*). Y añadió: "Así dirás a los hijos de Israel: '*Ehyeh (Yo Soy)* me ha enviado a ustedes'". Dios también le dijo a Moisés:
>
> "Así dirás a los hijos de Israel: '*YHWH*, el Dios de sus padres, el Dios de Abraham, el Dios de Isaac y el Dios de Jacob, me ha enviado a ustedes'". Este es mi nombre para siempre, y con este nombre seré recordado de generación en generación».

El nombre YHWH proviene de la raíz hebrea *hayah*, que significa «ser». Es decir, Dios se identifica como el *Ser mismo*.

EL NOMBRE DE DIOS EN EL PADRE NUESTRO

Si sustituimos el nombre por lo que representa, podríamos leer: «Padre Nuestro, que estás en el cielo, santificado sea tu Ser…».

Esta reformulación ofrece una interpretación interesante. En el Nuevo Testamento, San Pablo habla de cómo formamos parte del cuerpo de Cristo, es decir, del Ser de Dios:

> Romanos 12:4-5
> «Así nosotros, siendo muchos, *somos un cuerpo en Cristo…*».
>
> 1 Corintios 12:27
> «*Ustedes son el cuerpo de Cristo*, y cada uno es un miembro de él».
>
> Efesios 5:30
> «Porque *somos miembros de su cuerpo*, de su carne y de sus huesos».

Entonces, si somos parte del Ser de Cristo —quien es Dios— y decimos «santificado sea tu Ser», ¿no podría significar que estamos pidiendo ser santificados nosotros, los que hemos sido bautizados, al ser parte viva de Él?

Jesús es Dios, y cada palabra que pronunció fue elegida con intención divina. Él no dijo «santificado es tu nombre», como si solo quisiéramos reconocer su santidad. En cambio, dijo «santificado sea tu nombre», lo cual *implica una petición activa, un deseo de que algo suceda.*

Sabemos que Jesús hablaba frecuentemente en parábolas y mensajes cargados de profundidad espiritual, dejando claves para quien tuviera oídos para oír. Desde esta perspectiva, puede entenderse que Jesús nos enseñó a pedir que su santidad se manifestara en nosotros, los hijos de Dios. Porque si somos parte de su Ser —como Él mismo se identificó al decir «Yo Soy»—, entonces pedir que su nombre «sea santificado» es, en el fondo, un ruego para que *nosotros seamos santificados en Él*.

EL PADRE NUESTRO COMO UN PROCESO DE SANTIFICACIÓN

Al observar con detenimiento la estructura del Padre Nuestro, descubrimos que cada petición nos guía hacia un proceso de santificación interior.

- Venga tu Reino (un Reino Santo).

- Hágase tu voluntad (vivir según su voluntad nos santifica).

- Danos el pan de cada día (Jesús, el Pan de Vida).

- Perdona nuestras ofensas (limpieza espiritual).

- No nos dejes caer en la tentación (protección contra el mal).

Todo apunta a un proceso de transformación interior. Desde esta óptica, la oración podría entenderse como una petición para que nosotros seamos santificados, ya que Dios *ya lo es eternamente*.

1 Pedro 1:15-16:
«Sino que, así como aquel que los ha llamado es santo, *así también sean santos ustedes* en toda su manera de vivir, porque escrito está: *"Sean santos, porque yo soy santo"*».

Efesios 1:4:
«Porque Dios nos escogió en él antes de la creación del mundo, *para que seamos santos* y sin mancha delante de él».

UNA NUEVA PERSPECTIVA, EL MISMO MENSAJE

Esta interpretación no altera el contenido del Padre Nuestro, sino que invita a contemplarlo desde una nueva perspectiva. Dios no necesita ser santificado; su nombre ya es Santo. Pero nosotros, como hijos suyos, llevamos ese nombre en nosotros.

Pedir que «su nombre sea santificado» puede ser, en el fondo, una súplica para que su santidad se refleje también en nosotros, que somos miembros de su cuerpo, parte viva de su esencia divina.

Jesús dijo con sabiduría: «El que tenga oídos para oír, que oiga».

CAPÍTULO 13

AYUNAR: UN ACTO DE AMOR Y CONEXIÓN CON DIOS

Imaginemos que llega la época de Navidad, un tiempo lleno de tradiciones, reuniones y gestos de cariño. Es común que las familias se reúnan para compartir y, muchas veces, intercambiar regalos. Como padres, no esperamos que nuestros hijos nos den algo material. Lo que verdaderamente valoramos es su compañía, el tiempo compartido y los momentos significativos que construimos juntos.

Si alguno de ellos decide darnos un regalo, por supuesto que lo recibimos con alegría y gratitud. Pero nuestro amor hacia los demás hijos, que no trajeron nada, no disminuye en absoluto. Sabemos que el amor no depende de un obsequio, porque lo más valioso es la relación que tenemos con ellos.

Esta analogía nos ayuda a comprender mejor el sentido espiritual del ayuno. Ayunar significa renunciar voluntariamente a algo —comida, bebida o placeres— con el propósito de enfocar nuestra atención en Dios y fortalecer nuestra vida espiritual.

Sabemos que el amor de Dios por nosotros no depende de si ayunamos o no. Su amor es perfecto, incondicional y eterno. Sin embargo, cuando ayunamos con sinceridad, lo hacemos como un gesto de gratitud, humildad o intercesión, demostrando nuestro deseo de acercarnos más a Él.

El ayuno no es una carga ni una obligación. Es una expresión voluntaria de amor. Dios no se ofende si no lo practicamos, pero sí se alegra cuando lo hacemos con un corazón dispuesto. A través del ayuno, reconocemos nuestra dependencia de Su gracia y recordamos que todo lo que somos y tenemos viene de Él.

Además, al concluir el ayuno, apreciamos aún más su provisión: no solo la física, sino también la espiritual.

EL PODER DEL AYUNO Y LA ORACIÓN

A lo largo de las Escrituras, encontramos numerosos pasajes que unen la oración y el ayuno como una fórmula poderosa de conexión con Dios. Aquí algunos ejemplos clave:

> Hechos 13:2-3
>
> «Mientras estaban celebrando el culto del Señor y ayunando, el Espíritu Santo les dijo: "Apártenme a Bernabé y a Saulo para la obra a la que los he llamado". Entonces,

después de ayunar y orar, les impusieron las manos y los enviaron».

Hechos 14:23
«*Con oración y ayuno,* designaron presbíteros en cada iglesia y los encomendaron al Señor en quien habían creído».

Marcos 9:29
«Esta clase de demonios solo puede salir con *oración y ayuno*».

Mateo 17:20-21
«Jesús les dijo: "Por vuestra poca fe... pero este género no sale sino con *oración y ayuno*"».

Estas referencias nos invitan a preguntarnos: ¿Por qué la oración y el ayuno van de la mano?

1. La oración: nuestra real conexión con Dios
- Nos acerca a Su presencia y fortalece nuestra fe.
- Nos alinea con Su voluntad, más allá de nuestros deseos.
- Invoca Su poder para actuar en situaciones difíciles o imposibles para nuestra humanidad.

2. El ayuno: una disciplina que libera
- Es un acto de humildad, donde reconocemos nuestra fragilidad y dependencia de Dios.

- Nos ayuda a desprendernos de las distracciones y a enfocar el corazón en lo eterno.

- Purifica el espíritu, sensibilizándolo para escuchar con claridad la voz de Dios.

UNA COMPARACIÓN PARA ENTENDERLO MEJOR

Imagina que vas a jugar un partido de futbol y, una hora antes, te comes un corte *rib-eye* y hasta pides un postre. ¿Cómo te sentirías en el campo? Seguramente lento, pesado, tal vez incómodo o sin energía.

Ahora traslada esta imagen al plano espiritual. Cuando deseamos tener una conexión profunda con Dios, el ayuno actúa como una completa preparación: despeja el cuerpo, aquieta el alma y libera espacio interior para escuchar Su voz con claridad.

EL AYUNO COMO HERRAMIENTA ESPIRITUAL

En definitiva, el ayuno no es una exigencia para que Dios nos ame más. Su amor por nosotros es incondicional.

Sine embargo, es una herramienta que nos ayuda a:

- Liberarnos del ruido interior y exterior.

- Reordenar nuestras prioridades.

- Sensibilizar nuestro espíritu para recibir Su dirección, paz y fortaleza.

Y cuando se combina con la oración, el ayuno se convierte en un canal poderoso de comunión con Dios.

Dios no espera un sacrificio perfecto.

Solo aguarda un corazón sincero.

CAPÍTULO 14

LA REINA EN EL TABLERO DIVINO

Esta pequeña reflexión la escuché de un sacerdote, y quiero compartirla contigo.

Los amantes del ajedrez saben que, de todas las piezas en el tablero, el rey es el centro de todo. Es la figura más importante, la que se debe proteger a toda costa, porque sin él el juego se pierde. Al lado del rey está la segunda pieza más poderosa: la reina. Aunque no es la figura principal, es sin duda la más versátil. Puede moverse libremente en cualquier dirección, cumpliendo tareas esenciales para proteger, atacar y avanzar en nombre del rey. Es una pieza indispensable para su estrategia y éxito.

De la misma forma, así es la Inmaculada Virgen María en la obra divina de Jesús.

Ella no ocupa el lugar del Rey —ese lugar pertenece únicamente a Jesús, nuestro Salvador y Señor—. Sin embargo, la Virgen es una figura clave en la misión de Dios. Ella se mueve con gracia y poder por donde sea necesario, haciendo el trabajo que el Rey le confía, guiándonos, intercediendo por nosotros y cumpliendo un papel esencial en el plan divino.

Al igual que en el ajedrez, donde la reina tiene un papel crucial para apoyar al rey, María es indispensable en la Iglesia.

Ella no sustituye a Jesús, pero trabaja en perfecta armonía con Él. Es por eso que tantos fieles rezamos a la Virgen María, no como un fin en sí mismo, sino como un camino hacia Dios. Sabemos que su amor maternal nos lleva siempre hacia Jesús, y que, como una madre amorosa, intercede por nosotros y nos ayuda en lo que más necesitamos.

En el ajedrez, la reina lucha, protege y se sacrifica si es necesario para cumplir su propósito. De la misma manera, María ha entregado su vida al servicio de Dios. Es nuestra guía en el tablero de la vida, llevándonos con sabiduría y amor hacia el Rey. Así como una partida sin la reina es más difícil de ganar, una vida espiritual sin la ayuda maternal de la Virgen es un camino más arduo.

Por eso le pedimos que venga a nosotros, que interceda y nos ayude, siempre de acuerdo con la voluntad de Dios.

María es el ejemplo perfecto de humildad y obediencia al Señor, y al confiar en ella, seguimos su ejemplo: vivir no para nuestra gloria, sino para la gloria del Rey.

CAPÍTULO 15

SATANÁS, EL REY DE LA MENTIRA

LA GRAN MENTIRA: LA DISTORSIÓN DE LA VERDAD DE NUESTRA IDENTIDAD

¿Por qué hacemos el mal?

¿Qué nos lleva a pelearnos, robar, desatar guerras, discutir con nuestros seres queridos o reaccionar con ira ante extraños?

¿Qué nos impide vivir en un estado de paz constantemente?

La psicología nos enseña que nuestras heridas emocionales, acumuladas a lo largo de la vida, moldean nuestro comportamiento. Aprendemos observando y repitiendo conductas. Como dice el dicho: «*Monkey see, monkey do*» (en español, «el mono ve, el mono hace»). Pero para entender el origen real del mal, tenemos que ir más allá de nuestras experiencias personales o familiares, retroceder al principio de la humanidad.

Si fuimos creados para el bien… ¿Cómo se introdujo el mal en nuestra naturaleza?

La respuesta está en el origen de la gran mentira.

Según el relato del Génesis, Satanás engañó a Adán y Eva, haciéndoles creer que serían como Dios si comían del árbol prohibido. Lo que no les dijo fue que ya eran como Dios, pues habían sido creados a Su imagen y semejanza. Esta fue la primera gran mentira: hacerlos dudar de su identidad.

Desde ese momento, el ser humano quedó atrapado en una distorsión de su verdadero ser. Satanás sembró la duda, la inseguridad y el miedo, y así comenzaron a multiplicarse las heridas, deformando la naturaleza humana, alejándonos del amor y sembrando dolor y maldad en el mundo.

A lo largo de los siglos, Satanás y su ejército han seguido atacando nuestra mente y corazón, con el objetivo de mantenernos alejados del propósito de Dios. Esta es la razón por la que el Antiguo Testamento muestra tantas guerras, crueldades y desórdenes: la humanidad, desconectada de su identidad divina, fue manipulada para vivir bajo el engaño.

BARRERAS QUE NOS SEPARAN DE DIOS

Cada herida que recibimos, cada miedo, preocupación o enojo, construyen barreras que nos alejan de Dios.

Donde hay miedo, no hay amor. Y donde no hay amor, no puede habitar Dios, porque «Dios es amor» (1 Juan 4,8).

¿Y cómo podemos escuchar Su voz si nuestra alma está cubierta por capas de mentiras y engaños?

La primera y más grave mentira que Satanás implantó fue hacernos dudar de nuestra identidad como hijos de Dios. A partir de ahí, surgieron todas las demás heridas, cada una construyendo nuevas murallas entre nosotros y nuestro Creador.

Hoy, Satanás sigue atacando nuestra identidad, pero ahora lo hace también en el plano físico. Y su siguiente paso es distorsionar nuestra identidad humana.

La idea de que cada uno puede elegir su identidad —de que se nace hombre, pero puede ser mujer o incluso identificarse como animal u otro género— es una nueva estrategia para extraviarnos y sumirnos en el caos. Cuando un ser humano pierde su identidad tanto en el alma como en el cuerpo, se siente perdido, sin rumbo ni propósito. Esta es la meta de Satanás: destruirnos desde la raíz, separándonos más aún de Dios y de la verdad de quiénes somos.

La escasez, la ansiedad, las preocupaciones constantes no son parte del plan divino de Dios para nosotros.

Dios nos creó para vivir en plenitud y amor real. Pero el demonio trabaja día y noche para convencernos de lo contrario.

Es hora de derribar las barreras y reconocer la verdad:

Somos hijos de Dios, creados a Su imagen, llamados a vivir en Su amor y verdad.

Solo al recuperar nuestra auténtica identidad podremos vivir libres, en la paz y plenitud que Dios diseñó para nosotros.

LA CONSECUENCIA DE LA HERIDA

Cada herida emocional deja una mentira sembrada en nuestro corazón.

Te comparto dos ejemplos personales:

- Cuando me robaron en un negocio, sufrí una crisis económica y familiar. De esa experiencia surgió la mentira de que era un tonto por no preverlo.

- Cuando era niño, experimenté rechazo, lo que implantó la mentira de que no era valorado.

Estas experiencias, aunque fueron circunstancias externas, sembraron heridas: creencias falsas sobre mi valor y mi identidad.

Todos llevamos en nuestro interior heridas similares. Pero *hay un camino para romper esas mentiras y sanar:* el nombre poderoso de Jesús.

CÓMO ROMPER LAS MENTIRAS Y SANAR EL ALMA

Para sanar las heridas y borrar las mentiras, el perdón es fundamental. Este debe hacerse *en el nombre de Jesús,* porque Satanás y los espíritus malignos no pueden permanecer donde Él está presente. Además, es necesario *hacerlo en voz alta,* ya que el demonio no puede leer nuestros pensamientos; necesita oírnos, tal como Jesús expulsaba a los demonios con autoridad verbal.

Es como cuando alguien te jala del brazo: si solo piensas «suéltame», esa persona no te escuchará. Lo mismo sucede con el demonio, pero en el plano del alma. Él no responde al pensamiento, sino a la autoridad pronunciada en voz alta. Cuando dices «en el nombre de Jesús, suéltame», estás ejerciendo tu identidad como hijo de Dios. El demonio te obedece porque el Espíritu Santo que habitó en Jesús también habita en ti.

CÓMO ORAR PARA SANAR CON JESÚS Y EL ESPÍRITU SANTO

Cuando estés en un estado de conexión con Jesús y el Espíritu Santo, puedes seguir este proceso:

1. Identificar los pecados y pedir perdón.

Di en oración:

«Señor Jesús, muéstrame los pecados que he cometido».

Lo primero que venga a tu mente, confiésalo diciendo en voz alta: «Señor Jesús, perdóname por [menciona el pecado] que cometí contra [persona] y contra Ti».

2. Preguntar a Jesús a quién necesitas perdonar.

Di en oración:

«Señor Jesús, muéstrame a las personas que debo perdonar».

Recuerda: los primeros nombres o imágenes que aparezcan en tu mente son señales claras. Si quieres ir más a fondo pregunta:

«Jesús, muéstrame qué experiencia de mi (papá, hermano, mamá, amigo, etcétera) me hizo daño».

3. Declarar el perdón en voz alta.

Por cada persona o experiencia, di:

«En el nombre poderoso de Jesús, decido perdonar a [nombre y/o experiencia] por [el daño que te hizo]».

4. Rechazar la herida en voz alta.

Identifica la herida que esa experiencia te dejó, por ejemplo, abandono, desprecio o enojo. Pregunta:

> «*Señor Jesús, muéstrame las heridas que tengo implantadas*».

Cuando recibas respuestas di:

> «*En el nombre de Jesús, rechazo la herida de (abandono, rechazo, enojo...) que me dejó (nombre o situación). Entrego esta herida a los pies de la cruz de Jesús y ordeno que nunca más regrese a mí*».

5. Eliminar la mentira y reemplazarla con la verdad.

Pregunta en oración:

> «*Señor Jesús, ¿qué mentira implantó el enemigo a través de esa herida?*».

Al identificarla, proclama:

> «*Espíritu Santo, en el nombre de Jesús, rechazo la mentira de que (por ejemplo: no soy valioso). Lléname de tu verdad, de tu amor, paz y aprecio*».

Nota: El demonio no solo implanta mentiras emocionales, sino también mentiras de conocimiento que distorsionan la verdad de Dios. Muchas falsas doctrinas o prácticas «espirituales» provienen de ese engaño. Por eso es vital discernir con el Espíritu Santo y mantenerse firme en la enseñanza de la Palabra.

6. Sellar la sanación.

Cierra tu oración diciendo:

«En el nombre de Jesús, bendigo cada palabra que vino de Dios para mí, para que dé fruto en mi vida. Y descarto toda palabra que no proviene de Él, para que no tenga poder sobre mí».

RECORDATORIO: DIOS OLVIDA NUESTROS PECADOS

Cuando confesamos sinceramente nuestros pecados, Dios no solo nos perdona, sino que también los olvida. Sin embargo, a veces seguimos cargando culpas que ya fueron absueltas. Ese remordimiento que persiste no viene de Dios, sino del enemigo, que busca mantenernos atrapados en el pasado para alejarnos del presente, donde habita Dios.

Esto se ilustra de manera conmovedora en una historia de Santa Faustina Kowalska.

Ella tuvo una visión de Jesús, y un sacerdote le pidió que, si realmente era Jesús, le preguntara cuáles habían sido sus últimos pecados confesados. Cuando Faustina lo hizo, Jesús respondió:

«No me acuerdo».

Ese es el poder del perdón divino: Dios no guarda registro. Si Él lo olvida, ¿por qué tú no?

REFLEXIÓN FINAL

Jesús vino a liberarte.

Su perdón no solo limpia tu alma, sino que también restaura tu identidad como hijo de Dios.

Cuando te confiesas con sinceridad, te unes nuevamente a Cristo y recuperas tu santidad.

Así que haz tuya esta verdad:

En el perdón, somos renovados.

En Jesús, somos santos.

• • •

En Génesis 3:1-6 se relata la caída del hombre:

1. Pero la serpiente era astuta, más que todos los animales del campo que Jehová Dios había hecho; la cual dijo a la mujer: —¿Conque Dios os ha dicho: no comáis de todo árbol del huerto?

2. Y la mujer respondió a la serpiente: —Del fruto de los árboles del huerto podemos comer;

3. —pero del fruto del árbol que está en medio del huerto dijo Dios: No comeréis de él, ni le tocaréis, para que no muráis.

4. Entonces la serpiente dijo a la mujer: —No moriréis;

5. —sino que sabe Dios que el día que comáis de él, serán abiertos vuestros ojos, y **seréis como Dios**, sabiendo el bien y el mal.

6. Y vio la mujer que el árbol era bueno para comer, y que era agradable a los ojos, y árbol codiciable para alcanzar

la sabiduría; y tomó de su fruto, y comió; y dio también a su marido, el cual comió, así como ella.

Así comenzó la gran batalla espiritual en la que aún estamos.

CAPÍTULO 16

ROMPIENDO LAS CADENAS DEL ALMA

Para esta reflexión, quiero invitarte a que uses unos lentes especiales. No unos que vean tu cuerpo físico… sino tu alma.

Imagina que inicia tu día. Vas en tu auto camino al trabajo, y de pronto otro carro se te cruza. Reaccionas con coraje, le pitas el claxon y levantas la mano.

Llegas a la oficina, y tu jefe te grita:

—¡Haz las cosas bien! ¡Siempre haces todo a medias!

Molesto, regresas a casa. Tus hijos están peleando durante la comida, y les gritas:

—¡Ya paren de pelearse!

Uno te responde con rabia:

—¡Eres el peor papá del mundo!

Luego discutes con tu esposa.

Así avanza el día, entre ofensas que das y ofensas que recibes.

Ahora míralo desde el plano espiritual.

Tu alma empezó el día limpia, libre. Pero cada vez que haces daño, el enemigo te lanza una cadena que se engancha en tu mano izquierda. Y cada vez que te hieren, otra cadena se sujeta a tu mano derecha.

Ofendes: cadena izquierda.

Eres herido: cadena derecha.

Y así, poco a poco, esas cadenas se acumulan, tensan tu alma y la estiran hasta agotarla.

Aunque sigas cumpliendo tu rutina diaria, por dentro estás fatigado, oprimido, encadenado.

Si no haces nada, tu alma empezará a debilitarse. Aparecerán vicios, tristeza, ansiedad, insomnio o incluso enfermedades.

Como católicos, sabemos cómo liberarnos del lado izquierdo, las heridas que hacemos: nos confesamos, pedimos perdón, y Dios rompe esas cadenas.

Pero… ¿qué hay del lado derecho?

¿Alguna vez te has confesado por las heridas que te hicieron?

La falta de perdón hacia quienes nos lastimaron mantiene esas cadenas intactas. Si no sanamos esas heridas, el demonio sigue oprimiendo, arrastrando, desgarrando tu alma.

SOLO EL PERDÓN PUEDE ROMPER ESAS CADENAS

Muchas personas acuden al psicólogo, y eso puede ayudar.

Pero hay heridas que solo Jesús puede sanar, porque quien sostiene esas cadenas no es humano, es espiritual.

Es el demonio que jala las cadenas, y ningún ser humano, por más preparación que tenga, puede romper esas cadenas sin la intervención de Cristo.

¿CÓMO SE ROMPEN?

La respuesta está en Lucas 4:16-19:

> «El Espíritu del Señor está sobre mí, porque me ha consagrado para llevar la buena noticia a los pobres; *me ha enviado a anunciar libertad a los presos y dar vista a los ciegos; a poner en libertad a los oprimidos*; a anunciar el año favorable del Señor». '

Jesús vino a liberarte.

El método es sencillo, pero poderoso. En estado de gracia y comunión con Dios, pronuncia con firmeza:

> «En el nombre de Jesús, yo elijo perdonar a [nombre de la persona] por [nombrar el daño]».

Eso es todo.

No necesitas sentir el perdón.

El perdón es una decisión, no un sentimiento.

Y esa decisión, hecha en el nombre de Jesús, rompe las cadenas del alma que te tienen atrapado en el resentimiento, la culpa o la amargura.

Hazlo a diario.

La memoria es frágil. A veces olvidamos lo que causamos o lo que nos hicieron, pero las cadenas siguen ahí, oprimiendo silenciosamente el alma.

Por eso es tan importante mantener una práctica diaria de perdón: para que ninguna cadena quede oculta, oprimiendo nuestra alma.

MENTIRAS QUE IMPIDEN EL PERDÓN

El enemigo lo sabe. Por eso siembra pensamientos como:

1. Perdonar es permitir que me lastimen otra vez.
2. Perdonar es justificar lo que me hicieron.
3. Perdonar implica reconciliarme con el agresor.
4. Perdonar requiere que lo sienta.
5. Perdonar es olvidar la deuda emocional.

Todas son mentiras.

El perdón es una llave espiritual que libera tu alma.

Cuando no perdonas ni pides perdón, cedes autoridad al enemigo.

Dios nos dio dominio en el principio:

> «Dios creó al ser humano a su imagen (...) y les dijo: *dominen la tierra*» (Génesis 1:27-28).

Pero al pecar, le entregamos esa autoridad al diablo. Por eso, en la tentación a Jesús, el enemigo dice:

«Toda esta autoridad me ha sido entregada» (Mateo 28:18).

¿Quién se la entregó? Nosotros. Por no perdonar. Pero gracias a Jesús, podemos recuperarla.

Él vino a:

- Romper cadenas.
- Devolverte tu libertad.
- Restaurar tu identidad.
- Reconectar tu alma con el Padre.

EL PODER DEL PERDÓN

Cuando perdonas en el nombre de Jesús, su poder actúa. Tu alma se aligera, y experimentas libertad, sanación, paz.

«El perdón no cambia el pasado, pero sí puede transformar tu futuro».

Hoy es el día para soltar lo que te ata.

No tienes que esperar a sentirte listo, ni esperar que todo esté en orden.

Dios no te pide perfección, solo un corazón dispuesto.

En el nombre de Jesús, puedes empezar a sanar, a perdonar y a recuperar tu verdadera libertad.

No vivas más encadenado por las heridas del pasado. Jesús ya pagó el precio.

Solo tienes que tomar la llave que Él te dio… y *abrir la puerta hacia tu liberación*.

«*Así que, si el Hijo los libera, ustedes serán verdaderamente libr*es» (Juan 8:36).

CAPÍTULO 17

EL ENGAÑO ESPIRITUAL

En la actualidad, existe una gran confusión y distorsión respecto a las personas que se autodenominan «médiums» o que afirman comunicarse con ángeles.

Es cada vez más común escuchar sobre conocidos que buscan a estos individuos con la esperanza de hablar con un familiar fallecido o recibir mensajes de supuestos «ángeles de luz».

Y aunque entiendo el anhelo detrás de esta búsqueda —¿quién no querría escuchar la voz de un ser querido que partió?— debemos estar alertas.

Lo que parecen ser respuestas reconfortantes pueden, en realidad, ser trampas espirituales.

Lo primero que debemos entender es que esos «ángeles» o «familiares» con los que los médiums afirman comunicarse no son quienes dicen ser.

Se trata, en realidad, de entidades demoníacas disfrazadas para engañar y apartar a las personas de Dios.

Algunos podrían argumentar:

«Me dijo cosas que solo mi familiar y yo sabíamos. Me llamó por mi apodo de la infancia, relató una anécdota que nadie más conocía, e incluso imitó su voz y forma de hablar».

Y sí, es posible que la entidad lo haya hecho con una precisión escalofriante. Pero esto tiene una explicación: los demonios han estado presentes en el plano espiritual desde tu nacimiento. Observan cada detalle de tu vida, te analizan profundamente, conocen tus vulnerabilidades y saben cómo engañarte.

«Ustedes son de su padre el diablo (…) no hay verdad en él. Cuando habla mentira, habla de lo suyo, porque es mentiroso y padre de mentira» (Juan 8:44).

Satanás es el padre de la mentira, y sus demonios tienen como propósito alejar a las almas de Dios.

Saben lo que más deseas escuchar y lo dicen con tal de atraparte. Alimentan tu curiosidad y tentación de seguir explorando lo oculto.

Pero detrás de ese aparente consuelo, su verdadero objetivo es abrir una puerta a su influencia, alejándote de la luz de Dios y llevándote a depositar tu confianza en fuerzas que no provienen de Él.

LA SEÑAL MÁS EVIDENTE: EL COMERCIO ESPIRITUAL

Uno de los signos más claros de que estas prácticas no provienen de Dios es que cobran dinero por ellas, y el criterio decisivo son los frutos del mensaje. Cuando habla el Espíritu Santo, lo hace para liberarte y sanar tu alma; en cambio, médiums, videntes y canalizadores pueden decir verdades íntimas, pero sin fruto: lucran con la fe de las personas ofreciendo «mensajes del más allá» a cambio de grandes sumas de dinero.

Aquí es donde debemos preguntarnos:

¿Acaso Jesús cobraba por sanar, profetizar o liberar a los oprimidos?

¡Por supuesto que no! Jesús, quien es el Hijo de Dios y la máxima expresión del amor divino, nunca pidió nada a cambio cuando obraba milagros. Al contrario, dejó una instrucción clara a sus discípulos en Mateo 10:8:

> «Sanen a los enfermos, resuciten a los muertos, limpien de su enfermedad a los leprosos y expulsen a los demonios. *Ustedes recibieron gratis este poder; no cobren tampoco por emplearlo*».

El poder de Dios no es un bien comercializable. Sus dones son gratuitos y deben usarse para edificar, no para enriquecerse. Esto contrasta radicalmente con los médiums, quienes hacen de lo espiritual un negocio lucrativo.

LA RELACIÓN DIRECTA CON DIOS

Otra gran mentira que el enemigo ha difundido es la idea de que necesitamos intermediarios para comunicarnos con Dios. Pero la realidad es que, como hijos de Dios, tenemos acceso directo a Él.

No necesitas de nadie para recibir guía. Dios nos habla directamente a través de la oración, la Biblia y el Espíritu Santo.

Sin embargo, incluso cuando buscamos conscientemente a

Dios, el enemigo intentará infiltrarse en la comunicación. Entonces, ¿cómo podemos saber si un mensaje proviene de Dios o no?

Un mensaje que proviene de Dios siempre edifica, anima y consuela. Como dice 1 Corintios 14:3:

> «Pero el que profetiza habla a los hombres para edificación, exhortación y consolación».

Por el contrario, si el mensaje que recibes te causa miedo, angustia, ansiedad, desesperación o cualquier emoción negativa, no proviene de Dios, sino de un espíritu maligno que busca perturbarte y confundirte.

LA MANIPULACIÓN DE LA ENERGÍA Y LAS PRÁCTICAS ESPIRITUALES ENGAÑOSAS

El demonio, aunque es un ángel caído, posee un conocimiento profundo sobre las energías creadas por Dios. Y aunque no tiene poder sobre el Creador, puede manipular Su creación, desviándola hacia prácticas que parecen inofensivas pero que, en realidad, pueden abrir puertas a influencias malignas.

Algunas de estas prácticas incluyen:

- El reiki.
- Los cristales energéticos.
- Las sales y velas para atraer «buenas vibras».
- El tarot y la astrología.

- Las filosofías del budismo y el hinduismo enfocadas en energías y vibraciones.

Aunque muchos creen que estas prácticas son simplemente herramientas de bienestar o «energía positiva», en realidad pueden convertirse en canales de manipulación espiritual.

Satanás es astuto y no siempre se presenta como algo oscuro o evidente, muchas veces se disfraza de «ángel de luz» para engañar a los incautos.

Como lo dice 2 Corintios 11:14:

> «Y no es de maravillarse, porque Satanás mismo se disfraza como ángel de luz».

A veces, las personas que ofrecen estas prácticas parecen tener buenas intenciones: tal vez tienen una apariencia amable, hablan de amor y bienestar, o incluso decoran su espacio con imágenes de ángeles y santos. Pero esto no es una garantía de que estén actuando con un corazón lleno de amor genuino de Dios.

Si realmente esa persona tuviera tanto amor y deseo de ayudar, ¿por qué cobraría por atenderte?

El amor genuino no busca lucro; es un amor que da sin esperar nada a cambio. Si una práctica espiritual se comercializa, es una clara señal de que no proviene de Dios, porque Él no cobra por los dones que nos da.

El peligro está en que estas prácticas pueden sembrar confusión y alejarnos del camino verdadero.

En lugar de poner nuestra confianza en Dios, podemos caer en la tentación de buscar respuestas en falsas fuentes que no provienen de Él.

LA ÚNICA VERDAD: JESUCRISTO

Frente a toda esta distorsión espiritual, la única verdad inmutable es Jesucristo. Él es el único mediador entre Dios y los hombres. Como lo dice 1 Timoteo 2:5:

> «Porque hay un solo Dios y un solo mediador entre Dios y los hombres, Jesucristo hombre…».

Si realmente queremos conectar con lo divino, no necesitamos recurrir a prácticas dudosas ni a personas que lucran con la fe. Basta con acudir directamente a Dios en oración, leer su Palabra y vivir en comunión con Él.

NO CAIGAS EN EL ENGAÑO

Es comprensible que el deseo de comunicarse con un ser querido fallecido o de recibir guía espiritual sea fuerte. Pero debemos recordar que Dios es el único que puede dar verdadero consuelo y dirección.

El enemigo hará todo lo posible por engañarnos, disfrazando sus trampas de luz, amor y sabiduría. Pero no debemos olvidar que detrás de estas experiencias espirituales atractivas se esconde una estrategia para alejarnos de Dios.

Si queremos conocer la verdad y vivir en luz, debemos permanecer firmes en la Palabra de Dios, rechazar cualquier práctica que no provenga de Él y buscar siempre su presencia.

Porque solo en Dios encontramos la verdad, la vida y la verdadera paz.

PARTE 2

EL DESPERTAR DE LA CONCIENCIA

CAPÍTULO 18

DOMINA EMOCIONES, CONTROLA TU VIDA

*Domina tus emociones
y dominarás tu cuerpo y tu vida*

Las emociones, parte esencial de lo que nos hace humanos, ejercen una profunda influencia en nuestro estado de ánimo, comportamiento y reacciones. Aunque a menudo se les reste importancia, tienen un papel determinante en nuestra salud física, mental y espiritual. Por eso inicio este capítulo con una frase poderosa: «Domina tus emociones y dominarás tu cuerpo y tu vida».

Para comprender esta verdad en toda su profundidad, es necesario adentrarnos en cómo se generan las emociones y cuál es su impacto en nuestro bienestar.

Cada día generamos, en promedio, 60 mil pensamientos. De

ellos, el 95% son fugaces, inconscientes y basados en nuestras experiencias pasadas.

Lamentablemente, como demostró el psicólogo Roy Baumeister en su estudio de 2001 (*Bad Is Stronger Than Good*), las personas tienden a recordar con mayor facilidad la información negativa que la positiva. Según esta investigación, las emociones negativas tienen un impacto más fuerte y duradero en la mente humana que las experiencias positivas.

¿PERO POR QUÉ SUCEDE ESTO?

Desde una perspectiva espiritual, esto también se debe a los constantes ataques del enemigo. Aunque no podamos verlo con nuestros ojos físicos ni explicarlo con la lógica humana, el demonio actúa sembrando pensamientos y emociones negativas —como el miedo, la ira o la tristeza— para debilitarnos. Así, estas emociones tienden a quedarse con nosotros y dominarnos si no las enfrentamos con conciencia y con la ayuda de Dios.

Cuando no se gestionan adecuadamente, las emociones negativas dejan una huella profunda. Pueden convertirse en una fuerza dominante que compromete nuestro equilibrio emocional, mental y espiritual. Pero cuando aprendemos a reconocerlas, gestionarlas y entregarlas al Señor, comenzamos a recuperar el control de nuestro cuerpo, nuestras decisiones y, finalmente, de nuestra vida entera.

El pensamiento es la raíz de la emoción. Un pensamiento negativo —inspirado muchas veces por el enemigo— puede desencadenar emociones como miedo, ansiedad o ira, lo cual provoca la liberación de hormonas como el cortisol y la adrenalina, responsables del estrés. Por el contrario, los pensamientos positivos activan hormonas como la oxitocina, la serotonina y la dopamina, que generan bienestar y paz.

Cuando los pensamientos negativos se repiten sin control, generan una especie de «cascada emocional» que afecta nuestro cuerpo y mente. Lo más preocupante es que muchas veces no somos conscientes de estos pensamientos, ya que se repiten automáticamente como un eco que solo refuerza el dolor, sin ofrecernos alguna solución real.

Entonces, surge una pregunta fundamental:

¿Por qué seguimos atrapados en esta red de pensamientos negativos si deseamos lo mejor para nosotros mismos?

La respuesta está en las mentiras del demonio y sus ataques constantes. Si Dios es amor perfecto, sus opuestos son el miedo, el engaño y la confusión. El enemigo sabe que, si logra mantenernos atados al miedo, nos alejará del amor perfecto de Dios.

La única forma de romper este ciclo es identificar el origen de esos pensamientos negativos y sanarlos desde la raíz. Por eso es tan importante preguntar al Espíritu Santo:

«¿Por qué me siento así? ¿Qué está en la raíz de esta emoción?».

Muchas veces descubriremos que esa emoción nace de una herida del pasado que aún no ha sido sanada.

Una práctica poderosa es la meditación con Jesús. Durante la oración, pídele que te revele el origen de tus pensamientos y emociones. Él puede mostrarte recuerdos que expliquen de dónde proviene tu herida. Cuando lo identifiques, nómbralo y entrégaselo a Jesús. Luego, perdona a quien te haya causado ese daño.

Es crucial verbalizarlo:

«En el nombre de Jesús, yo elijo perdonar a [nombre] por [decir en voz alta lo que te hizo]», porque el demonio no puede leer tu mente.

Este proceso de sanación interior te hará más consciente de tus pensamientos y evitará que caigas en el desgaste emocional constante. De lo contrario, vivirás bajo el dominio del demonio, atado a las heridas del pasado y sin libertad para vivir en plenitud.

Sabemos que no es fácil estar consciente todo el tiempo, especialmente si tienes hijos. Criarlos implica enfrentar conflictos que, muchas veces, despiertan emociones enterradas en lo profundo de nuestro ser. La clave está en detectar cuándo estamos actuando de forma reactiva, detenernos, reflexionar y hacer un cambio.

Por ejemplo, cuando gritamos a nuestros hijos al desobedecernos, tal vez no es solo por el acto en sí, sino porque sentimos que nos falta autoridad. Es posible que esa reacción se origine en una herida de la infancia, cuando no nos sentíamos respetados o valorados. Identificar ese patrón, perdonar a quien nos hizo sentir así, y entregar esa mentira al Señor nos libera para actuar con más conciencia y amor hacia nuestros hijos.

Si eliminamos esas heridas y las mentiras que dejaron, será mucho más fácil vivir desde la paz interior, negociar con nuestros hijos y guiarlos con autoridad amorosa, no con imposición.

Jesús dijo: «*¡Yo hago nuevas todas las cosas!*» (Apocalipsis 21:5).

Él puede renovar tu corazón si se lo permites.

Recuerda también que Dios perdona todos los pecados y los olvida por completo. Por eso, no hay razón para que tu mente siga atrapada en el pasado. Pide perdón, perdona a los demás y sigue adelante.

Una frase que me dijo mi padre cuando era niño siempre me acompaña:

«Si no actúas como piensas, terminarás pensando como actúas».

Esta frase me recuerda la importancia de vivir con coherencia, guiados por pensamientos conscientes que reflejen la verdad de Dios.

Si no somos conscientes de lo que pensamos, perdemos el control de cómo actuamos.

Como enseña nuestra fe, la conciencia es un don sagrado. Es la voz de Dios hablándonos en lo más profundo del alma. El Catecismo de la Iglesia Católica dice en el número 1776:

«La conciencia es el núcleo más secreto y el sagrario del hombre, donde este está solo con Dios, cuya voz resuena en lo más íntimo de ella».

La oración es el alimento de esa conciencia. En el silencio del corazón, encontramos a Dios. Él nos da la fuerza para actuar con amor, sanar nuestras heridas y transformar nuestra vida.

CAPÍTULO 19

LA TRAMPA DE LA MATRIX DIGITAL

Las redes sociales, en muchos aspectos, han sido una bendición al permitirnos compartir nuestras alegrías, éxitos, belleza y vida con el mundo. Sin embargo, también han dado lugar a una realidad distorsionada que a menudo esconde problemas y promueve una visión irreal de la felicidad y la perfección. Esta falsa realidad ha desencadenado una serie de efectos negativos en la sociedad, incluyendo el surgimiento de vicios, egocentrismo y emociones destructivas como la envidia, la depresión y la crítica.

La envidia se manifiesta cuando vemos imágenes de la vida aparentemente perfecta de los demás en las redes sociales. La depresión puede surgir al comparar nuestras vidas con estas representaciones idealizadas. Las críticas a menudo se utilizan para menospreciar a otros y elevarse a sí mismos.

La mayoría evitamos mostrar nuestras debilidades por miedo a parecer vulnerables. Entonces, llenamos nuestras redes con una versión editada de la realidad, donde todo parece estar bien. Pero esta imagen falsa no solo nos afecta a nosotros, sino que genera emociones destructivas en los demás.

Así se forma un círculo vicioso: veo una imagen «perfecta», me siento insuficiente, y en respuesta, publico otra imagen «perfecta» para compensar… y alguien más vuelve a sentirse mal.

Pero la verdad, esa que todos sabemos, pero pocos mostramos, es que todos —incluso los genuinamente felices— hemos atravesado momentos oscuros, dolorosos, días de angustia en los que sentimos que no podíamos más.

Esos momentos difíciles son los que precisamente nos hacen fuertes, los que nos enseñan a crecer y nos preparan para alcanzar la verdadera felicidad.

En ellos sacamos esa «garra interna», ese fuego que nos impulsa a seguir y salir adelante.

En vez de alimentar esta cultura de apariencias, sería valioso ver más personas compartiendo sus momentos vulnerables y contando cómo los superaron. Aprender de la lucha de otros es mucho más enriquecedor que seguir comparándonos con una imagen idealizada que ni siquiera es real.

El mal uso de las redes sociales se ha convertido en uno de los mayores peligros para el alma humana. Las personas se hipnotizan con el celular: sus mentes se apagan, su energía se drena, los químicos adictivos se disparan, y aparecen las emociones destructivas. El celular toma el control. Las redes sociales se apoderan de la conciencia, haciendo que la gente viva en automático, dentro de la Matrix, lejos de su espiritualidad.

Y volvemos a la raíz: *¿Cuál es el objetivo principal del demonio?*

- Alejarte de Dios.

- Alejarte de tu alma.

- Evitar que hables con Él.

Satanás es quien alimenta esa adicción al celular. Es quien te empuja a caer en la comparación, la envidia, la frustración. Muchos podrían pensar:

«¡Qué exagerado! El demonio no tiene nada que ver con esto».

Pero te digo algo: todo lo que se opone al amor, todo lo que te desconecta de tu alma, viene del enemigo que busca destruirte. Y el mal uso de las redes sociales es una de sus herramientas favoritas hoy.

Por eso, necesitamos encontrar un equilibrio consciente y saludable en el uso del celular y las redes sociales.

Necesitamos despertar, recuperar el control, y volver a conectar con lo que realmente importa: nuestra alma, nuestra conciencia y nuestra relación con Dios.

CAPÍTULO 20

EL ARTE DE HABLAR POSITIVAMENTE

Ahora que en el capítulo «Domina emociones, controla tu vida» hablamos del poder de los pensamientos, quiero compartir algo interesante sobre cómo funciona nuestro cerebro. Es crucial entender que nuestro cerebro no distingue entre afirmaciones negativas y positivas.

Por ejemplo, ¿alguna vez te han dicho: «No pienses en un elefante rosa»? En ese instante, en cuestión de milisegundos, ¿qué ocurrió?

Exacto: pensaste en un elefante rosa, ¡aunque te dijeron que no lo hicieras! Nuestra mente trabaja a una velocidad asombrosa, procesando de inmediato todo lo que escucha. Por eso, cuando alguien nos dice: «No hagas ciertas cosas», nuestra mente capta precisamente lo que nos pidieron que no hiciéramos. Nuestro razonamiento es lo que luego nos dice que eso no debe hacerse.

Es por eso que, en los últimos años, se ha promovido el enfoque positivo al hablar con los niños, ya que su capacidad de razonamiento aún está en desarrollo. Por ejemplo, si un niño está gritando, es más efectivo decirle «habla bajito» en lugar de «no grites». La razón es que su mente procesa la palabra «gritar» y su capacidad de razonamiento todavía no está lo suficientemente desarrollada como para comprender por completo la negación.

Este enfoque se aplica en muchas otras lecciones que los padres intentan enseñar a sus hijos. Por ejemplo, si un bebé le pega a su hermana, en lugar de decir: «No le pegues a tu hermana», es más efectivo decir: «Cariñitos a tu hermana». Los bebés no tienen la capacidad de razonar con claridad, su cerebro procesa la acción de golpear cuando se les comunica de manera negativa. No es que el niño no escuche, es que la forma de comunicar el mensaje no es la adecuada.

Siguiendo este tema, como adultos, hay una diferencia entre actuar y pensar. Por ejemplo, si alguien te dice: «No saltes», tu razonamiento te dice que no saltes. Pero cuando alguien dice: «No pienses en… (algo)», es inevitable que lo pienses. ¿Recuerdas cuando te dije: «No pienses en un elefante rosa»? Seguro que en el momento en que lo leíste o escuchaste, ya habías pensado en él.

Basándonos en esto, te planteo una pregunta: si nuestras oraciones son pensamientos, ¿cómo deberíamos rezar?

CAPÍTULO 21

LA ORACIÓN, LA LEY DE LA ATRACCIÓN

✝

Echemos un vistazo a cómo funciona la oración y la ley de la atracción. Pero primero quiero ampliar los detalles sobre tres elementos de la oración:

1. **Pensamiento**: implica la visualización del deseo de la oración.

2. **Atención**: se refiere a la fuerza y dirección de tu energía hacia tu deseo, a quién o qué le estás enviando tu petición y con qué intensidad.

3. **Intención**: se trata del tipo de deseo y del resultado que buscas, el cual puede ser bueno o malo.

Además de pensamiento, atención e intención, otro elemento esencial de la oración es *la palabra hablada*. Orar en voz alta tiene un impacto espiritual y energético mucho más profundo que solo pensar en silencio. Las palabras que pronunciamos tienen el poder de crear o destruir, de dar vida o muerte, como enseña la Escritura en Proverbios 18:21:

> «La muerte y la vida están en poder de la lengua, y el que la ama comerá de sus frutos».

Cuando oramos, no solo estamos enviando pensamientos al cielo, sino que estamos declarando con autoridad espiritual.

Jesús mismo nos enseñó a hablarle al monte, no solo a desear que se mueva. Como dice Marcos 11:23:

> «De cierto os digo que cualquiera que dijere a este monte: "Quítate y échate en el mar", y no dudare en su corazón, sino creyere que será hecho lo que dice, *lo que diga le será hecho...*».

El apóstol Pablo también destacó que la confesión verbal es clave para la salvación, siguiendo a Romanos 10:9-10:

> «Si confesares con tu boca que Jesús es el Señor, y creyeres en tu corazón... serás salvo... con la boca se confiesa para salvación».

No basta con tener fe en el corazón: hay que activarla con la voz. Al declarar nuestras oraciones, estamos usando el poder creativo que Dios nos dio como hijos suyos. Recuerda que Dios creó el universo con su palabra (Génesis 1), y nosotros, hechos a Su imagen, también somos llamados a crear con nuestras palabras.

Mateo 12:36-37: «De toda palabra ociosa que hablen los hombres, de ella darán cuenta en el día del juicio. Porque por tus palabras serás justificado, y por tus palabras serás condenado».

La oración hablada no solo expresa fe, sino que moldea la realidad espiritual y material. Así como la lengua puede encender un gran bosque (Santiago 3), nuestras palabras de fe pueden activar milagros.

Santiago 3:5: «Así también la lengua es un miembro pequeño, pero se jacta de grandes cosas. He aquí, ¡cuán grande bosque enciende un pequeño fuego!».

Por eso, al orar, no solo enfoquemos el pensamiento y la intención, sino también expresemos en voz alta nuestra fe, sabiendo que nuestras palabras tienen poder en el mundo espiritual.

Ahora, déjenme compartirles las siguientes enseñanzas:

San Marcos 11, 24 nos dice: «Por eso os digo, todo lo que pidáis en oración, *creed que lo habéis recibido, y os vendrá*».

Mateo 21, 22 también nos dice: «Y todo lo que pidiereis en oración, *creyendo, lo recibiréis*».

Destacaría estas palabras clave: «creed que lo habéis recibido, y os vendrá» y «creyendo, lo recibiréis».

Entonces, ¿por qué nos dicen que pidamos lo que nos falta? Si pedimos de lo que carecemos, no estamos creyendo que ya lo hemos recibido. Esto es precisamente lo contrario de lo que leemos en los evangelios de San Marcos y San Mateo, quienes enseñan que debemos creer firmemente que ya lo tenemos para poder recibirlo. En otras palabras, nos enseñan a tener fe y a confiar en que, si creemos con convicción, la energía del Espíritu Santo responderá a nuestra intención.

Aquí es importante recordar que los tiempos de Dios son diferentes a los nuestros. Él sabe cuándo y cómo concedernos lo que pedimos, porque primero debemos vivir experiencias que nos hagan crecer espiritualmente y como personas.

Reflexionando sobre esto, he llegado a la siguiente conclusión: si nuestros pensamientos son «energía», si la mente no distingue entre el pensamiento negativo y el positivo, y si la oración es, en esencia, pensamiento, entonces, al orar enfocados en nuestras carencias, no estamos creyendo que ya lo hemos recibido.

En cambio, cuando oramos en voz alta como si ya tuviéramos lo que pedimos, estamos enviando una señal clara a Dios de lo que queremos atraer. Como dice San Marcos, «creed que lo habéis recibido, y os vendrá» o, como menciona Mateo, «…creyendo, lo recibiréis». Esto se relaciona con el hecho de que la mente no reconoce lo negativo, como mencioné en el capítulo «El arte de hablar positivamente».

Por eso, es importante orar con fe, visualizando como si ya lo tuviéramos. Debemos actuar como si ya lo poseyéramos para finalmente obtenerlo. Cambiar esta mentalidad puede ser complicado, pero es crucial. Tenemos que romper patrones de pensamiento negativos automáticos que hemos desarrollado a lo largo de nuestra vida.

El demonio, consciente de cómo funciona nuestra mente, busca que enfoquemos nuestra atención en nuestras carencias y preocupaciones. Sabe que, mientras permanezcamos atrapados en esa mentalidad de escasez, nos será más difícil alcanzar lo que anhelamos. Por eso, es fundamental mantener nuestra atención en la abundancia y las promesas de Dios, confiando plenamente en Su poder y amor para suplir nuestras necesidades. Porque sin esa conexión con Dios, nuestras acciones pierden sentido.

Imagina esto: cuando decides levantar tu brazo derecho, tu cerebro envía una señal energética al brazo, y este se levanta de inmediato. Es la conexión perfecta entre el cerebro y las partes de tu cuerpo. Ahora, ¿qué sucede si esa conexión se rompe o no funciona correctamente? El brazo no se moverá como debería, sin importar cuánto lo intentes.

De manera similar, nuestra alma, esa chispa divina que llevamos dentro, tiene la capacidad de estar conectada directamente con el Creador.

¿Por qué no aplicar la misma lógica a la oración?

La clave está en establecer y fortalecer esa unión con Dios a través del Espíritu Santo. Es mediante esta conexión que nuestras oraciones pueden ser verdaderamente efectivas, creyendo con fe y certeza que ya hemos recibido lo que pedimos, tal como Jesús nos enseñó.

Antes de orar, conectémonos con Dios dando gracias, como se nos dice en Filipenses 4, 6:

>«Por nada estéis afanosos, sino sean conocidas vuestras peticiones delante de Dios en toda oración y ruego, *con acción de gracias*».

Luego, durante la oración, visualiza tu petición y exprésala en voz alta como si ya la hubieras recibido, dando gracias a Dios con fe y convicción. Esto es como creértelo al máximo. Cuando recibes algo, es natural dar las gracias, ¿verdad? Bueno, en este caso, agradece a Dios porque ya has recibido aquello por lo que estás orando.

Visualízate obteniendo lo que pediste y percibe el sentimiento de esa petición en tu cuerpo una vez que lo hayas imaginado. Esto es parte de creer con todo tu ser que ya es tuyo.

Por ejemplo, si enfrentas una enfermedad o molestia, durante la oración, proyecta tu cuerpo sano y libre. Siente físicamente la sensación de tener un cuerpo sano y da gracias a Dios porque estás libre de la enfermedad o la molestia. Después, cuando termines la oración, actúa como si ya tuvieras un cuerpo sano, pues debes creer en ello. Verás que, con el tiempo, tu cuerpo responderá y sanará de verdad.

Sin una conexión genuina con Dios, nuestras oraciones pueden parecer sin respuesta. No porque Dios no quiera escucharnos, sino porque la comunicación no es efectiva. Antes de orar, es fundamental comenzar con gratitud, expresando amor y compasión, porque Dios es amor. Este acto no solo abre nuestro corazón, sino que también establece una conexión sincera con Él.

Al finalizar la oración, concluye con las palabras: «Te lo pido (o agradezco) en el nombre de Jesús». Esta instrucción, que Jesús nos dejó en el Evangelio de San Juan (14:12-14), subraya el poder de Su nombre:

> «Les aseguro que el que cree en mí hará también las obras que yo hago; y hará otras todavía más grandes, porque yo voy a donde está el Padre. *Y todo lo que ustedes pidan en mi nombre, yo lo haré*, para que por el Hijo se muestre la

gloria del Padre. Yo haré cualquier cosa que en mi nombre ustedes me pidan».

Siguiendo este modelo de oración, nos aseguramos de que nuestras palabras no solo lleguen a Dios, sino que también reflejen nuestra fe, amor y confianza en Su poder para actuar en nuestras vidas y en las de los demás.

Delegar el control total de nuestras vidas a Dios, mientras somos responsables de nuestras decisiones, crea un equilibrio perfecto: actuamos con fe y confianza, permitiendo que Su voluntad y propósito se manifiesten en nosotros.

Incluso las experiencias negativas tienen un propósito: son lecciones diseñadas para moldearnos, fortalecernos y acercarnos más a Dios. En lugar de verlas como obstáculos insuperables, podemos reconocerlas como oportunidades divinas para crecer, ajustar nuestra perspectiva y renovar nuestra fe. Al adoptar esta visión, nuestra vida fluye con mayor armonía y propósito, porque confiamos plenamente en que todo ocurre para nuestro bien y el cumplimiento de Su plan perfecto.

Cuando intentamos negar nuestras experiencias, cerramos la puerta a las oportunidades que Dios nos brinda para crecer. Estas lecciones, aunque a veces sean difíciles, son parte del plan divino para refinarnos y acercarnos más a Él. Al ignorarlas, no solo retrasamos nuestro progreso espiritual, sino que también le mostramos a Dios que no confiamos plenamente en Su propósito para nuestra vida.

Es esencial recordar que Dios no nos pone pruebas que no podamos superar. Cada experiencia, buena o mala, es una oportunidad para fortalecer nuestra fe, aprender humildad y desarrollar virtudes como la paciencia, la compasión y la perseverancia.

Al adoptar esta perspectiva, nuestras peticiones no son solo deseos personales, sino expresiones de una vida alineada con el propósito divino.

Finalmente, cuando enfrentemos pensamientos o emociones negativas, debemos reconocer que son distracciones que buscan alejarnos de Dios y de nuestra paz interior. Al entregarlos a Jesús, como se sugiere en 2 Corintios 10:5, podemos experimentar una liberación profunda.

> 2 Corintios 10:5 dice: «Y toda altanería que pretenda impedir que se conozca a Dios. *Todo pensamiento humano lo sometemos a Cristo, para que lo obedezca a él*».

• • •

MÉTODOS PARA ATRAER TUS DESEOS

Algunos métodos que te ayudarán a atraer lo que pides en tus oraciones:

Liberar: Deja ir tu deseo después de orar, y permite que Dios te guíe. Enfócate conscientemente en lo que anhelas y luego déjalo ir dando gracias y soltando el resultado. Permite que el Espíritu Santo se encargue de guiarte por el mejor camino que necesitas vivir. Libérate y déjate llevar por Dios día a día, confía en que su divinidad te conducirá por el mejor camino. Cuando entregues tu ser, tu cuerpo y tu alma a Dios y te relajes confiando en Él, te darás cuenta de que lo que antes perseguías ahora te está siguiendo a ti. La energía de deseo, que a veces causa estrés al buscar lo que anhelas, es la que puede bloquear que las cosas sucedan. Una vez que la liberes dando gracias y te olvides de eso, es cuando recibes lo que querías.

Fuerza de voluntad: Define una meta y muévete hacia ella a pesar de las dificultades o bloqueos que puedan aparecer. Este método requiere concentración, persistencia y ver los problemas y las dificultades no como obstáculos, sino como una parte del camino que necesitas recorrer para aprender. Un ejemplo es la repetición para aprender algo, como hacer ejercicio para desarrollar y fortalecer tus músculos.

Energía emparejada: Para atraer lo que deseas en armonía con la voluntad de Dios, necesitas alinearte con Él y vivir de acuerdo a Sus principios. Si deseas abundancia, por ejemplo, debes vivir con generosidad y gratitud, sabiendo que todo lo que tienes proviene de Su gracia. Actúa con humildad y amor, reflejando el carácter divino en todo lo que haces. Si anhelas amor y compasión, cultiva estas virtudes en tu vida diaria, siguiendo el ejemplo de Jesús, quien nos enseñó a amarnos los unos a los otros como Él nos ama.

Si tu deseo es encontrar un trabajo o un puesto específico, actúa con fe y confianza en que Dios tiene un plan para ti, viviendo con integridad, responsabilidad y dedicación en todo lo que emprendas. Hazlo con la certeza de que Él te guiará hacia el camino correcto, conforme a Su voluntad.

Visualiza y ora como si ya hubieras recibido lo que pides, creyendo firmemente que Él cumplirá Su promesa, como Jesús dijo en el Evangelio de San Marcos 11:24:

«Creed que lo habéis recibido, y os vendrá».

Permite que Él transforme tus pensamientos, actitudes y acciones para reflejar Su amor y propósito. A medida que te alineas con la voluntad divina, verás cómo lo que anhelas se va manifestando en tu vida, no por tu fuerza, sino por la gracia de Dios trabajando en ti.

CAPÍTULO 22

LA ATENCIÓN: LA FUERZA DE TU ORACIÓN

Donde pones tu atención es donde está tu energía.

En años recientes, la física cuántica ha revelado una dimensión de la realidad mucho más compleja y misteriosa de lo que la ciencia tradicional imaginaba. Ha demostrado que materia y energía están profundamente interconectadas, y que el simple acto de observar puede influir en el comportamiento de las partículas.

Uno de los experimentos más conocidos es el de la doble rendija. En él, se dispara un haz de partículas —como electrones o fotones— hacia una barrera con dos ranuras. Si se contempla su comportamiento al pasar, actúan como partículas individuales. Pero si no se les presta atención, se comportan como ondas, creando un patrón de interferencia. Este fenómeno revela que las partículas pueden existir en múltiples estados hasta que son analizadas: es el llamado efecto del observador.

Esto nos lleva a una premisa asombrosa: la observación —o atención consciente— puede afectar el estado de la materia. Y si nosotros, como seres humanos, estamos hechos de partículas, ¿no significa que nuestra atención podría también influir en nuestro entorno, en nuestro cuerpo y en nuestra realidad espiritual?

Esta idea, aunque escépticamente vista por sectores científicos tradicionales, tiene un paralelo claro con los milagros. Cuando oramos, lo hacemos con pensamiento, atención e intención. Estos tres elementos activan algo más grande: la intervención Divina.

Cuanto mayores son la atención y la intención, mayor es la fe… y más poderosa la oración.

La historia del cristianismo está llena de ejemplos de oración colectiva transformadora. Donde muchas personas oran con fervor, la presencia de Dios se manifiesta con fuerza. Lugares como la Basílica de San Pedro en Roma —aunque Jesús nunca estuvo allí físicamente— irradian una energía especial por siglos de oración concentrada. Es la atención espiritual acumulada de millones de almas que se han rendido a Dios en ese lugar.

Esto nos ayuda a entender mejor la afirmación inicial: donde diriges tu atención, allí fluye tu energía. Por eso, durante la consagración de la hostia, el sacerdote enfoca su mente, intención y atención en invocar al Espíritu Santo. Este acto transforma el pan en el Cuerpo de Cristo. No es solo un ritual: es una explosión de energía Divina cuando lo espiritual y lo físico se encuentran en un momento sagrado.

LA ATENCIÓN, CUANDO SE UNE A LA FE, PUEDE MOVER MONTAÑAS.

Otro experimento fascinante que refuerza esta idea fue realizado por el doctor René Peoc'h en 1986. En su tesis doctoral, Peoc'h entrenó a polluelos recién nacidos para que reconocieran a un robot como su «madre» por medio del fenómeno de la impronta. Posteriormente, colocó a los pollos en una jaula y permitió que el robot —programado para moverse al azar— se desplazara en completa libertad. Sorprendentemente, este pasó más tiempo cerca de los pollos de lo que se esperaría por pura casualidad, lo que sugeriría que estos animales, de alguna manera, estaban influyendo en el robot al atraerlo hacia ellos.

El doctor Peoc'h concluyó que los pollos eran capaces de influir en el movimiento del robot, incluso cuando este no tenía un patrón definido.

Si unos pollos pueden influir en una máquina artificial por su deseo de cercanía, ¿cuánto más podemos nosotros, como herederos de Dios, transformar nuestro entorno a través de la intención enfocada y la oración?

Pablo nos recuerda en Romanos 8:17:

> «Y si somos hijos, también somos herederos; herederos de Dios y coherederos con Cristo…».

Dentro de los tres elementos que constituyen una oración —pensamiento, atención e intención—, si carecemos de atención, se debilita la intención. Podemos tener el pensamiento (quiero orar), y la intención (quiero pedir algo), pero si nuestra atención está dispersa, la oración no llega con Fe a Dios.

La atención es la columna vertebral de una oración poderosa. Sin ella, la conexión espiritual se vuelve frágil.

Y esto solo tiene efecto real si estamos conectados con el Espíritu Santo. Sin ella, es como intentar transmitir una señal sin receptor.

Mi propósito en este capítulo es recalcar: la atención es energía. Y si dirigimos esa energía hacia Dios, con intención y fe, no solo cambiamos nuestra vida... podemos abrir la puerta a los milagros.

En el mundo moderno, especialmente en entornos competitivos, la atención es sinónimo de perseverancia: enfocarse sin distracción, actuar con presencia y determinación. Este principio, al ser llevado al plano espiritual, cobra aún más poder: enfocarnos en Dios, perseverar en la oración, permanecer atentos al presente, al «aquí y ahora», y permitir que Su voluntad actúe.

Tu atención no es solo concentración mental; es una corriente de energía espiritual que, cuando se une con la fe y con el poder del Espíritu Santo, puede mover el cielo a tu favor. Por eso, donde pongas tu atención con intención, allí Dios puede obrar.

Así como Jesús sanaba con una palabra o una mirada, tú también, como hijo de Dios, puedes dirigir tu energía hacia el amor, la sanación y la voluntad divina.

La atención enfocada es el canal por el que fluye el poder de la oración.

Así lo dice el Evangelio de Marcos 16:17-18:

> «Y estas señales seguirán a los que creen: En mi nombre echarán fuera demonios; hablarán nuevas lenguas; tomarán en las manos serpientes, y si bebieren cosa mortífera, no les hará daño; sobre los enfermos pondrán sus manos, y sanarán».

Cuando oras con fe, te conviertes en instrumento vivo del poder divino.

CAPÍTULO 23

LA VERDADERA BATALLA

En la actualidad, los psicólogos enseñan que no debemos etiquetar a las personas, especialmente a los niños. Si un niño se comporta de forma inadecuada, en vez de decir «eres insoportable», lo correcto es señalar el comportamiento: «tu actitud es insoportable». Esta distinción es clave. Cuando se juzga a alguien por lo que hace y no por lo que es, se protege su identidad y se le abre la puerta al cambio.

Las palabras tienen poder.

Si a un niño constantemente se le dice que es «torpe» o «malo», acabará creyéndolo. En cambio, si solo se advierte su conducta, entenderá que sus acciones pueden mejorar, sin que eso defina quién es.

Este principio no solo aplica en la crianza. También es una clave espiritual. Porque detrás de cada persona hay una identidad en formación. Cuando etiquetamos con dureza a alguien, no solo herimos, sino que ayudamos a fortalecer una mentira: la que dice que esa persona «es» lo que hizo mal.

Ahora bien, ¿qué tiene que ver esto con Dios?

La respuesta está en lo que Jesús reveló: nuestra verdadera lucha no es contra las personas, sino contra los poderes del mal que las influencian.

En Efesios 6:12 leemos:

> «Porque no tenemos lucha contra sangre y carne, sino contra principados, contra potestades, contra los gobernadores de las tinieblas de este siglo, contra huestes espirituales de maldad en las regiones celestes».

Jesús lo sabía. Por eso, cuando veía a alguien poseído o esclavizado por el mal, no lo condenaba, sino que expulsaba al demonio. Entendía que detrás del pecado había una herida, y detrás de esa herida, una mentira sembrada por el enemigo.

En algunos casos, Jesús incluso se dirigía al espíritu por el nombre de su manifestación. Por ejemplo, cuando encontró a un niño poseído que no podía hablar ni oír, lo reprendió diciendo: «*Espíritu mudo y sordo, yo te mando, sal de él*» (Marcos 9:25).

Esto demuestra que los demonios muchas veces actúan de acuerdo a un patrón específico de opresión: algunos causan enfermedad, también ataduras emocionales, otros confusión, odio o división. Jesús reconocía la raíz espiritual detrás del comportamiento y trataba directamente con esa entidad, no con la persona. Él vino a liberar, no a acusar.

Satanás trabaja así: primero, hiere a una persona y la impulsa a actuar mal. Luego incita a quien recibe ese daño a rechazar, juzgar y etiquetar a quien lo lastimó. De esta manera siembra división, resentimiento y ruptura entre hermanos. Nos hace pelear, cuando la verdadera batalla es espiritual.

Por eso, Jesús nos pide que nos revistamos con la armadura de Dios: para resistir las tentaciones y mantener la paz, aun cuando otros nos ofenden. No se trata de permitir el mal, sino de saber enfrentarlo desde el Espíritu.

Cuando Jesús fue arrestado, uno de sus discípulos sacó la espada. Pero Él lo detuvo. Su lucha no era contra los hombres, sino contra el pecado y la mentira que los gobernaba.

Si atacamos con insultos a quienes nos lastiman, solo reforzamos las cadenas del enemigo. Al decirle a alguien que es «débil», «ridículo» o «zafado», estamos colaborando con la mentira que el demonio quiere implantar en su identidad.

Jesús vino a restaurar esa identidad. Su misión fue recordar que somos hijos de Dios, llamados a vivir en el amor y la verdad. Y si queremos ser discípulos suyos, debemos aprender a separar el pecado del pecador, el acto de la persona, el error de la esencia.

Lo que muchos psicólogos y expertos enseñan hoy, Jesús ya lo había dicho. Su palabra está llena de sabiduría sobre la naturaleza humana, la sanación interior y el poder de no juzgar. Solo necesitamos aprender a leerla con los ojos del alma.

> *«Sean misericordiosos, como su Padre es misericordioso. No juzguen y no serán juzgados; no condenen y no serán condenados; perdonen y serán perdonados. Den y se les dará: recibirán una medida buena, bien sacudida, apretada y rebosante en los pliegues de su túnica. Porque con la misma medida con que midan, serán medidos»* (Lucas 6:36-38).

CAPÍTULO 24

EL PODER DE LA BENDICIÓN

«Y aconteció que estando a la mesa con ellos, tomó el pan y lo bendijo, lo partió y les dio».
LUCAS 24:30

De niño, crecí en una familia donde bendecir los alimentos antes de comer era una costumbre diaria. Pero en ese entonces, lo hacía por rutina. No entendía su verdadero significado, ni el poder espiritual detrás de ese gesto. Con el tiempo, esa práctica fue desapareciendo. Ya no la veía necesaria y simplemente se me olvidaba.

Todo cambió cuando comencé a entender la naturaleza de la energía. Aprendí que todo en el universo —personas, animales, plantas, alimentos, objetos— está compuesto por energía. También descubrí que la gratitud y las palabras positivas no son solo expresiones amables, sino vibraciones que afectan directamente la materia y el espíritu.

Uno de los estudios que más me impactó fue la del doctor Masaru Emoto, autor de *El mensaje del agua*. En sus investigaciones, Emoto demostró que el agua responde a nuestras palabras e intenciones. Al pronunciar frases como «gracias» o «te amo» frente a recipientes con agua, los cristales que se formaban eran armoniosos y hermosos al ser observados bajo un microscopio. En contraste, cuando se usaban palabras como «te odio» o «guerra», los cristales eran caóticos y deformes.

Este fenómeno también se ha replicado en plantas: cuando reciben palabras amables, crecen con más fuerza; pero si son expuestas a insultos o desprecio, su desarrollo se ve afectado. ¿La razón? Nuestras palabras no son solo sonidos, sino portadoras de energía. Y como todo en el universo es energía, lo que decimos tiene un impacto real.

Esto me llevó a una conclusión poderosa: si nuestras palabras pueden afectar el agua, y si nuestro cuerpo está compuesto en su mayoría por agua —hasta un 70% en niños—, entonces nuestras palabras también afectan profundamente nuestra salud física, emocional y espiritual.

Aún más sorprendente fue descubrir que el agua bendecida en lugares de oración —templos, ríos sagrados, peregrinaciones— presenta cristales armoniosos similares a los generados por palabras positivas. Es como si las oraciones hubieran impregnado el agua con una energía divina, transformándola en algo sanador.

Entonces comprendí por qué Jesús bendecía los alimentos, por qué los sacerdotes bendicen nuestras casas, y por qué nuestras palabras tienen tanto poder. No se trata de un simple acto simbólico:

estamos transfiriendo energía, invocando protección, y transformando lo ordinario en algo espiritual.

Dice Juan 1:1-3,14:

> «En el principio ya existía la Palabra, y la Palabra estaba junto a Dios, y la Palabra era Dios. Por ella se hizo todo, y sin ella no se hizo nada de cuanto existe... Y la Palabra se hizo carne y habitó entre nosotros».

Jesús es la Palabra hecha carne. Su energía es la más pura y poderosa. Por eso cuando bendecimos en su nombre, estamos invocando esa energía Divina que transforma y purifica. Si algo ha sido tocado por una energía negativa, solo la presencia de Cristo puede limpiarlo por completo.

Esto me llevó no solo a bendecir los alimentos nuevamente, sino también a hacerlo con intención, conciencia y fe. Porque al agradecer, también protegemos. Y al invocar el nombre de Jesús, transformamos lo ordinario en algo sagrado.

Además, entendí que la bendición no solo debe limitarse a los alimentos. Podemos bendecir nuestro hogar, nuestros hijos, nuestro auto, nuestro cuerpo, nuestras palabras… cualquier cosa que forme parte de nuestra vida.

Cada palabra positiva es una semilla de luz; cada palabra negativa, una sombra que enturbia el alma. Como padre, soy consciente de que mis palabras hacia mis hijos construyen su energía interna. Sus cuerpos, tan llenos de agua, reaccionan a lo que escuchan, sienten y creen. Por eso bendecirlos con amor, aun en los momentos difíciles, es una de las mayores responsabilidades que tengo.

Así comprendí que la bendición no es una obligación religiosa.

Es una herramienta espiritual. Una forma de proteger, agradecer, transformar y elevar.

Que nuestras palabras, pensamientos y oraciones siempre estén llenos de luz. Que al bendecir los alimentos no lo hagamos por rutina, sino con conciencia. Porque cuando invocamos el nombre de Jesús, no solo damos gracias: traemos Su presencia al momento, y con ella, Su paz, Su protección y Su amor.

ORACIÓN PARA BENDECIR LOS ALIMENTOS

Señor Jesús, te doy gracias por estos alimentos, por tu provisión, por tu amor y por tu fidelidad. En tu nombre los bendigo, y declaro que están llenos de vida, salud y fortaleza. Purifica todo lo que no provenga de Ti y haz de esta comida un medio de sanación para mi cuerpo y mi alma. Te invito a esta mesa y te doy la gloria.

Amén.

CAPÍTULO 25

LA TRAMPA SILENCIOSA DEL ENEMIGO

Tal vez creas que eres libre, que tus decisiones son tuyas y que tu camino lo eliges tú.

Pero ¿y si te dijera que, sin darte cuenta, estás caminando por senderos trazados por fuerzas que buscan desconectarte de Dios? No con cadenas visibles, sino con rutinas, distracciones y mentiras sutiles. Esta es la trampa silenciosa del enemigo. Esta es su Matrix.

¿QUÉ ES LA MATRIX?

Más allá de la idea popular de una simulación, la Matrix representa un sistema de comportamientos automáticos, hábitos inconscientes y reacciones mecánicas que gobiernan nuestras vidas. Es vivir en «piloto automático», sin detenernos a reflexionar, sin decidir con plena conciencia. Y mientras más atrapados estamos en ese sistema, más nos alejamos del propósito para el cual fuimos creados.

EL REGALO DEL LIBRE ALBEDRÍO

Dios nos dio un regalo sagrado: la capacidad de elegir con libertad.

Pero cuando vivimos bajo hábitos inconscientes —guiados por el entorno, por traumas no sanados o por rutinas vacías—, ese regalo se diluye.

Dejamos de actuar con intención y nos volvemos reactivos. Perdemos la libertad verdadera: la de elegir lo bueno, lo justo, lo divino.

VIVIMOS EN AUTOMÁTICO

La mayoría de las personas actúan así cada día. Desde que se despiertan hasta que duermen, repiten rutinas sin cuestionarlas:

- Desbloquean el celular sin pensar.
- Se molestan ante una crítica sin reflexionar.
- Reaccionan como aprendieron, sin decidir cómo quieren responder.

¿Te suena familiar?

Desde niños aprendimos a comportarnos imitando a nuestros padres o cuidadores. Esta repetición creó programaciones internas que seguimos reproduciendo generación tras generación.

Pero vivir en automático no es vivir. Es seguir dormido dentro de la Matrix.

¿TIENES LIBRE ALBEDRÍO?

Para recuperar el control, hay que *despertar la conciencia*. Algunas formas prácticas de comenzar:

- Cambia tus rutas diarias para romper la rutina.
- Pon alarmas que te recuerden hacer pausas conscientes.
- Disminuye el uso de redes sociales: son una herramienta de la Matrix moderno para robar tu atención.
- Elige conscientemente incluso con acciones pequeñas, como abrir una puerta.
- Practica la oración y la meditación cristiana, que entrenan la mente para discernir y conectarse con Dios.

Yo, por ejemplo, tenía la costumbre de agarrar el celular cada vez que iba al baño. Un día eliminé una red social. La siguiente vez que fui, mi mano fue directo al celular, pero recordé que ya no tenía la app. Sonreí. Ese pequeño momento fue un acto de conciencia. Salí de la Matrix, aunque fuera por un instante.

MANTÉN LA MIRADA EN JESÚS

La Matrix quiere distraerte de Jesús. Lo logró con Pedro en el mar:

En Mateo 14:28-31, Pedro camina sobre el agua cuando su mirada está puesta en Jesús. Pero al enfocarse en las olas y el viento, tiene miedo… y comienza a hundirse.

Así también, cuando quitamos los ojos de Jesús y nos enfocamos en la distracción, en el miedo o en las preocupaciones, comenzamos a hundirnos en el caos. Pero Jesús siempre extiende su mano para levantarnos. Solo hay que volver a mirarlo.

EL ORIGEN ESPIRITUAL DE LA MATRIX

Este sistema no es solo psicológico.

Tiene un origen espiritual.

El demonio busca mantenernos atrapados en automatismos, distracciones y emociones negativas: ansiedad, estrés, envidia, superficialidad. Usa incluso herramientas como las redes sociales para robar nuestra atención y alejarnos de nuestra alma.

Cada notificación que roba tu concentración, cada contenido vacío que consume tu mente, cada hábito sin propósito… puede formar parte de esa red.

El primer paso para romper esta trampa es vivir con conciencia. Pregúntate:

> ¿Esto que consumo me acerca a la paz… o al caos?
> ¿Este hábito me acerca a Jesús… o me aleja?

CARGAS HEREDADAS

Desde Adán y Eva, la humanidad ha sido atacada por el engaño del enemigo.

Las consecuencias del pecado original, aunque perdonadas por Cristo, siguen manifestándose en forma de patrones familiares destructivos, heridas emocionales o conductas repetitivas.

No heredamos el pecado, pero sí las heridas del alma que deben ser sanadas y rechazadas en el nombre de Jesús.

ROMPE LAS CADENAS DE LA MATRIX

La Matrix es el acto constante del demonio para mantenernos atrapados en la inconsciencia.

Pero tú puedes salir.

Al despertar tu conciencia y mantener tu mirada en Dios, recuperas tu *libertad espiritual* y tu verdadera identidad como hijo de Dios.

El demonio solo tiene poder si tú le das permiso para entrar en tu mente.

El demonio no necesita gritar para dominarte, solo quiere que no despiertes. Pero cuando fijas tus ojos en Jesús, el velo se cae, la verdad se revela y la libertad comienza.

CAPÍTULO 26

EL DISFRAZ CÓSMICO DEL ENEMIGO

La astrología sostiene que la posición de los astros influye en nuestra personalidad y destino. Muchas personas, en busca de respuestas, recurren a ella como una guía. Pero como cristianos, debemos recordar que solo Dios tiene un plan perfecto para nuestras vidas.

Jeremías 29:11:

> «Porque yo sé los planes que tengo para ustedes, planes de bienestar y no de calamidad, para darles un futuro y una esperanza».

BUSCANDO RESPUESTAS EN EL LUGAR EQUIVOCADO

Durante un tiempo en mi vida, también me sentí atraído por la astrología. Algunas cosas parecían tener sentido. Pero pronto entendí que estas influencias externas no solo eran limitadas, sino que me estaban alejando de Dios. Nuestra alma no le pertenece al universo, ni a los astros, ni a una carta astral. Nuestra alma le pertenece al Creador.

¿Y cómo es que esto nos aleja de Dios?

Es sencillo: cuando acudes al horóscopo o buscas dirección en los planetas, desvías tu mirada de Aquel que verdaderamente puede guiarte. Estás depositando tu confianza en la creación, no en el Creador.

NO SE CONSULTA A LA CREACIÓN, SE CONSULTA AL CREADOR

El enemigo lo sabe. Por eso su estrategia es sutil: distraerte. Hacerte creer que Dios está distante o que no responde, para que busques respuestas en lo inmediato, en lo visible, en lo popular. El horóscopo, la numerología, las cartas… son cebos espirituales. Pero Dios siempre está dispuesto a guiarte, si tú decides escucharlo.

Los astros, aunque hermosos, solo reflejan la grandeza de Dios. No gobiernan tu vida. No deciden tu futuro. No escribieron tu historia. Dios sí.

> Mateo 11:28:
> «Vengan a mí todos los que están cansados y cargados, y yo los haré descansar».

En vez de recurrir a fuerzas impersonales, acude a quien te creó por amor, quien te conoce por nombre y quien sí tiene un propósito eterno para ti.

Daniel 2:27-28:

«El misterio que el rey pide, ni sabios, ni astrólogos, ni magos ni adivinos lo pueden revelar al rey. Pero hay un Dios en los cielos, que revela los misterios…».

NO TE DEJES ARRASTRAR POR LA CORRIENTE

Imagina que estás flotando sobre una tabla en medio del mar, sin remar. ¿Hacia dónde te lleva la corriente? Exactamente: hacia donde no decidiste.

Eso pasa cuando vives sin intención, sin conciencia, sin Dios. Te arrastra el ritmo del mundo, las modas, las redes, las opiniones. Y cuando menos te das cuenta, estás lejos de tu propósito.

Ese estado de apatía y desconexión espiritual es parte de la Matrix. El enemigo no necesita encadenarte físicamente; solo necesita que vivas sin dirección.

Pero Dios no nos creó para la pasividad, sino para caminar en Su luz y tomar decisiones guiadas por Su Espíritu.

Salmo 23:

«Aunque pase por un valle oscuro, no temeré, porque tú estás conmigo».

Jesús no solo calma tormentas físicas; también tranquiliza el ruido de tus pensamientos, la incertidumbre del mañana y las mentiras que el mundo intenta sembrar.

Cuando le entregas a Él el timón de tu vida, ya no navegas a la deriva. Jesús se convierte en el capitán de tu barca, guiándote siempre hacia un puerto seguro: Su voluntad y Su amor eterno.

CAPÍTULO 27

EL TIEMPO: EL TIRANO INVISIBLE

Vivimos bajo el yugo invisible de un amo que nunca descansa: el tiempo. No el tiempo como regalo de Dios, sino como sistema impuesto por el hombre, cuantificado en segundos, minutos y horas, y gobernado por el reloj.

El reloj —invención humana— nació para ordenar nuestras vidas, pero terminó esclavizándolas. Desde que el ser humano decidió medir el tiempo, lo convirtió en un dictador implacable: controla nuestras decisiones, define nuestros límites y condiciona nuestras emociones. ¿Pero qué estamos midiendo, exactamente?

Según la RAE, el tiempo es «la duración de las cosas sujetas a cambio». Pero si el alma es eterna, y en ella no existe el cambio ni la muerte, ¿por qué vivimos como si cada segundo definiera nuestro valor?

Desde el principio, los seres humanos observaron los ciclos del sol y la luna para guiar sus actividades. Babilonios, egipcios y griegos dividieron el día, primero en mañanas y tardes, luego en horas y minutos. Así surgieron instrumentos como la clepsidra, el reloj de arena… hasta llegar al reloj moderno. Y con cada avance, fuimos perdiendo libertad.

Para entender cómo hemos cambiado, quiero compartirte dos escenas:

VIDA BAJO LA LUZ DEL SOL

Un comerciante despierta con los primeros rayos del sol. No hay alarma, solo el canto de los pájaros. Desayuna con su familia, saluda a los vecinos, camina al mercado cuando el sol está alto. Compra, vende, conversa, comparte. Vuelve a casa al atardecer y se acuesta al ocultarse el sol. Su reloj es el cielo. Su guía, la luz.

VIDA BAJO LA DICTADURA DEL TIEMPO

Otro comerciante despierta al sonar la alarma. Mira el reloj: 6:30 a. m. Corre. Los hijos corren. La esposa se va sin desayunar. Llega justo al trabajo. Reuniones, horarios, presiones. Llamadas, tareas, tráfico. Regresa de noche, cena, pone la alarma… y repite. Su guía es el reloj. Su presión, el tiempo.

La diferencia es clara: uno vive; el otro sobrevive.

Yo mismo lo comprobé. Una vez me fui de campamento con mi hijo a un bosque sin reloj, sin electricidad, sin celular. Despertábamos con la luz, comíamos cuando teníamos hambre, hablábamos sin mirar la hora. Allí descubrí la paz del presente. Sin prisa, sin estrés. El alma respiraba tranquilamente.

Ese viaje me hizo entender que la verdadera libertad no está en hacer más cosas… sino en dejar de correr.

Dios no mide tu valor en minutos. No te creó para correr detrás del reloj, sino para caminar con Él, en el aquí y ahora. Por eso, Jesús oraba al amanecer y al atardecer. Vivía en conexión con el ritmo del Padre, no con el tic-tac humano.

No se trata de eliminar los relojes, sino de no dejar que definan tu existencia. Haz espacio para el silencio, la contemplación, el gozo de estar. Deja de medir tu vida por lo que haces y empieza a valorarla por lo que eres: hijo de Dios, eterno como tu alma.

Haz una pausa. Mira el cielo. Escucha tu alma.

¿Vas a seguir viviendo bajo la dictadura del tiempo… o bajo la luz del Espíritu?

CAPÍTULO 28

EL ETERNO AHORA DONDE HABITA LA FE

«El ayer es historia, el futuro es un misterio, y el hoy es un regalo, por eso se llama presente».

Esta poderosa frase refleja una verdad profunda que se alinea perfectamente con las palabras de Jesús en Mateo 6:34:

> *«Así que, no se preocupen por el mañana, porque el día de mañana traerá sus propias preocupaciones. Cada día tiene ya sus propios problemas».*

El ahora es el mayor regalo que Dios nos ha dado. Es el único momento en el que podemos actuar, decidir, orar, perdonar y amar. Y, sin embargo, ¿cuántas veces nos perdemos en los «hubiera» del pasado o en los «qué pasará» del futuro?

La mente, cuando no está centrada en Dios, se convierte en

fábrica de preocupaciones. El miedo al mañana y el peso del ayer nos roban la paz que solo existe en el presente.

Dios habita en el ahora. Él no es un Dios del «ayer» ni un Dios de «quizá mañana». Su Espíritu actúa en el instante presente, esperando que lo busquemos aquí, donde realmente estamos vivos.

Pero la sociedad nos ha distraído. Vivimos con el celular en la mano, corriendo de un compromiso a otro, planificando, recordando, comparando. Incluso en momentos de intimidad —como compartir una comida o jugar con nuestros hijos— estamos ausentes. Nuestra atención está en otro lugar.

Vivir acelerados es una forma moderna de esclavitud. Es cierto que debemos planificar, pero no al precio de perdernos el presente.

Como dice Isaías 43:18-19:

> «Ya no recuerdes el ayer, no pienses más en cosas del pasado. Yo voy a hacer algo nuevo, y verás que ahora mismo va a aparecer. Voy a abrir un camino en el desierto y ríos en la tierra estéril».

Dios siempre está haciendo algo nuevo. Pero solo si estamos presentes podremos notarlo.

Jesús lo dejó claro:

> «*Vengan a mí todos los que están cansados y agobiados, y yo les daré descanso*» (Mateo 11:28).

Ese descanso es ahora. No cuando tengas todo resuelto. No cuando llegue el fin de semana. Es hoy, si decides confiar.

Cada mañana es una nueva oportunidad. Dios te extiende Su

mano para caminar contigo. Pero si tu mente está atrapada en el dolor del pasado o en la ansiedad del futuro, no podrás tomarla.

Vivir en el presente no significa ignorar las responsabilidades, sino entregarlas. Es reconocer que Dios tiene el control y que cada segundo puede ser sagrado si lo vivimos con Él.

Incluso en los desafíos, Él está obrando. Al soltar el control, al confiar y actuar desde la fe, nuestra vida empieza a alinearse con Su propósito eterno.

«Revivir el pasado nos impide cambiar, crecer y evolucionar, porque nuestros pensamientos y emociones siguen atrapados en experiencias que ya no existen».

La libertad está en el ahora. Allí donde Dios te espera.

«Este es el día que hizo el Señor; regocijémonos y alegrémonos en él» (Salmo 118:24).

CAPÍTULO 29

SUSURROS PARA EL ALMA

El ser humano verdaderamente libre es aquel que toma conciencia de su alma y reconoce su identidad original como hijo de Dios, con todos los beneficios que esto conlleva.

¿Por qué Dios debería darte más si no estás siendo agradecido con lo que ya tienes?

Encontrar la razón por la que viniste a este mundo debe ser tu primer objetivo de vida. El segundo, llevar a cabo ese propósito.

Una de las mayores bendiciones otorgadas al ser humano es la capacidad de ser libres. Sin embargo, incluso la libertad necesita límites que respeten la naturaleza, al prójimo y nuestro propio bienestar.

Vivir sin límites refleja un descuido del alma, y un alma descuidada no puede alcanzar su mejor versión.

Los mandamientos de Dios son como un espejo que revela nuestras manchas espirituales. No están para condenarnos, sino para guiarnos hacia la limpieza interior. Ese «baño» que purifica el alma es el perdón de Jesús, que encontramos en la confesión.

Cuida tu alma, vive con propósito y abre tu corazón al amor y perdón de Dios. Solo así podrás convertirte en la mejor versión de ti mismo, alineado con Su voluntad.

No tener límites es como poseer un Lamborghini, manejar a 200 km/h, y quedarnos sin frenos. En un abrir y cerrar de ojos, nos estrellaremos.

Muchos dicen que un hijo no elige a sus padres, pero si creemos que el alma es eterna, consciente y libre, ¿no podríamos pensar que sí los escoge? Esta idea me motiva a ser un mejor padre, pues creo que mis hijos me eligieron por una razón. Y esa razón me compromete a no fallarles.

El materialista no es quien desea cosas, sino quien las necesita para llenar un vacío interior. Es alguien que se ha alejado de su esencia y no vive su propósito. Por eso, busca en lo externo una satisfacción que solo viene al hacer lo que se ama.

Dime cuánto criticas, y te diré cuánto te amas. La crítica destructiva nace de una falta de amor propio. Quien se valora no necesita hablar mal del otro. La crítica ensombrece el alma y alimenta la envidia, que termina por destruirnos desde dentro.

Menos crítica, más paz. Cuida tu alma, y las palabras negativas desaparecerán.

UN NUEVO COMIENZO

✝

Hemos llegado al final de este laberinto.

Gracias por recorrerlo conmigo.

Ahora que conoces estas verdades, camina con fe, con atención y con el corazón alineado al propósito de Dios.

Que este cierre sea, en realidad, un nuevo comienzo: el despertar a tu esencia divina y real.

Y si este libro ha tocado tu vida, te invito a dejar una reseña. Tu testimonio puede ser la semilla que inspire a otros, para que en su caminar por el laberinto de las creencias también puedan encontrar la Verdad Divina.

AUTOR

Héctor Cantú Kalifa, un hijo de Dios, como cualquier otro que ha sido bautizado, ha escrito este libro con un único propósito: acercar a más personas a Jesús para que conozcan Su amor, Su perdón y Su energía Divina. Toda la gloria es para Jesús; Héctor solo es un instrumento, un medio para explicar quiénes somos y quién es Jesús.

Héctor vive en Monterrey, México, junto a su esposa Paulina, con quien comparte la dicha de criar a sus cuatro hijos.

Si deseas contactarlo, puedes escribirle a **hector@hectorcantuk.com** o seguirlo en sus redes sociales en:

WWW.X.COM/HECTORCANTUK

WWW.INSTAGRAM.COM/HECTORCKALIFA

HTTPS://WWW.INSTAGRAM.COM/LABERINTODELASCREENCIAS/

TIKTOK @LABERINTODELASCREENCIAS

www.ingramcontent.com/pod-product-compliance
Lightning Source LLC
LaVergne TN
LVHW010215070526
838199LV00062B/4595